Carsten Bender, Laura Bühner,
Birgit Drolshagen (Hrsg.)

Teilhabe an Hochschulbildung

Grundsätze, Konzepte und Praxisbeispiele
für die Beratung und Begleitung von
Studierenden mit Behinderung

D1700134

Waxmann 2023
Münster · New York

Bibliografische Information der Deutschen Nationalbibliothek
Die Deutsche Nationalbibliothek verzeichnet diese Publikation
in der Deutschen Nationalbibliografie; detaillierte bibliografische
Daten sind im Internet über http://dnb.dnb.de abrufbar.

Print-ISBN 978-3-8309-4769-1
https://doi.org/10.31244/9783830997696

© Waxmann Verlag GmbH, 2023
Steinfurter Straße 555, 48159 Münster

www.waxmann.com
info@waxmann.com

Urheber der Fotos im Innenteil:
© Roland Baege/TU Dortmund: S. 28 oben, S. 125 unten;
© Andi Weiland/gesellschaftsbilder.de: S. 28 unten, S. 29 oben;
© DSW/Erik Hinz: 29 unten links, S. 125 oben;
© Hesham Elsherif/TU Dortmund: S. 29 unten rechts, S. 124

Umschlaggestaltung: Anne Breitenbach, Münster
Satz: satz&sonders GmbH, Dülmen
Druck: CPI Books GmbH, Leck
Gedruckt auf alterungsbeständigem Papier gemäß ISO-9706

Dieses Buch wurde klimaneutral produziert.

Printed in Germany

Teilhabe an Hochschulbildung

Inhalt

Geleitwort 7

I   Einleitung in den Sammelband

Carsten Bender, Laura Bühner & Birgit Drolshagen
Inklusive Strukturen und spezifische Angebote für
Studierende mit Behinderungen 15

**II   Spezifische Unterstützungsangebote für Studierende
     mit Behinderungen**

Laura Bühner
Studieren mit beeinträchtigungsbedingten
Studienzeitverzögerungen und -unterbrechungen.
Maßnahmen und spezifische Angebote 31

Birgit Drolshagen
Selbstbestimmt Studieren mit Studienassistenz.
Erfahrungen aus dem Projekt „Assistenz zum Kennenlernen" 49

Alexandra Franz
DoBuS-Mentoring für Studieninteressierte mit
Behinderungen und chronischen Erkrankungen am
Übergang Schule / Hochschule 71

Finnja Lüttmann, Leevke Wilkens & Christian Bühler
Audiodeskription und Untertitelung in der Hochschullehre.
Abbau von Barrieren orientiert am Dortmunder Arbeitsansatz ... 93

Claudia Schmidt
Peer Support und Empowerment durch Gruppenangebote
für Studierende mit psychischen Erkrankungen oder
Aufmerksamkeitsdefizit-Hyperaktivitäts-Störung 107

III Barrierefreie und inklusionsorientierte Strukturen

Carsten Bender & Vera Janhsen
Hochschuldidaktische Angebote zur Förderung einer
Inklusiven Hochschullehre 127

Nadine Finke-Micheel und Andrea Hellbusch
Promovieren mit Behinderungen.
Ansätze zur Förderung des wissenschaftlichen Nachwuchses
mit Behinderungen im Rahmen des Aktionsplanprozesses
„Eine Hochschule für alle" an der TU Dortmund 145

Anne Haage
Barrierefreies kollaboratives Lernen.
Einblicke aus der Perspektive von Studierenden mit Behinderung   161

Verzeichnis der Autorinnen und Autoren 185

Geleitwort

Spätestens seit der Ratifizierung der UN-Behindertenrechtskonvention (UN-BRK) durch die Bundesrepublik Deutschland ist grundsätzlich unumstritten, dass auch hierzulande Studierende mit Behinderungen gemäß Artikel 24 ein Recht auf chancengleiche, gleichberechtigte und diskriminierungsfreie Teilhabe an Hochschulbildung haben. So finden sich in allen Hochschulgesetzen der Bundesländer Regelungen, die auf die Belange von Studierenden mit Behinderungen Bezug nehmen. Darüber hinaus haben einzelne Bundesländer wie NRW und Sachsen längerfristige Förderprogramme aufgelegt, die darauf abzielen, an den Hochschulen Maßnahmen zur Verbesserung der Situation von Studierenden mit Behinderungen zu initiieren. Viele Hochschulen haben in den letzten Jahren neue Beratungs- und Unterstützungsangebote für Studierende mit Behinderungen aufgebaut bzw. bestehende Angebote deutlich erweitert. Bemühungen zum Abbau von Barrieren sind vielerorts erkennbar, von barrierefreien Verhältnissen bleiben die Hochschulen aber noch weit entfernt.

Der Dortmunder Arbeitsansatz, wie er von DoBuS (Bereich Behinderung und Studium) praktiziert wird, basiert auf Grundlagen, die Schlüsselkonzepten der UN-BRK ähneln, zeitlich aber deutlich früher entwickelt wurden. Behinderung stellt nach diesem Verständnis keine der Person innewohnende Eigenschaft dar, sondern entsteht durch die Wechselwirkungen zwischen individuellen Beeinträchtigungen und einstellungs- und umweltbedingten Barrieren. Folgerichtig setzt der Dortmunder Arbeitsansatz sowohl auf der Ebene der individuellen Studiensituation als auch auf der Ebene des Systems Hochschule an. In der Terminologie der UN-BRK würde man von Barrierefreiheit und angemessenen Vorkehrungen sprechen. Danach sind sowohl Barrieren in der baulichen ebenso wie in der digitalen Umwelt als auch Barrieren in den Köpfen abzubauen, um die gleichberechtigte Teilhabe von Menschen mit Behinderungen zu ermöglichen. Kann im Einzelfall die Barrierefreiheit nicht gewährleistet werden, so sind angemessene Vorkehrungen zu treffen. Angemessene Vorkehrungen sind spezifische personenbezogene Hilfsmaßnahmen im Einzelfall, um Barrieren überwinden und an der Gesellschaft teilhaben zu können. Werden sie verweigert, so stellt dies gemäß Artikel 5 Absatz 3 UN-BRK eine Diskriminierung dar.

Die in diesem Buch dokumentierten Projekte setzen folgerichtig auf beiden Ebenen an: anlassbezogene Unterstützungsangebote im Einzelfall und Schaffung von barrierefreien und inklusionsorientierten Hochschulstrukturen. Es ist beeindruckend zu sehen, wie in Dortmund aus der Beratung oder den Unterstützungsaktivitäten gewonnene Erkenntnisse über Barrieren in Aktivitäten zur Veränderung der Strukturen überführt werden.

Ein wichtiges Arbeitsprinzip von DoBuS stellt auch das Peer-Counseling dar, wie es zum Beispiel im von Alexandra Franz beschriebenen Mentoring-Programm unter dem schönen Titel „Früh anfangen statt länger bleiben" zum Ausdruck kommt. Die von der IBS begleitete Studie „best-2" hat gezeigt, dass sich Studierende besonders in der Studieneingangsphase mehr Unterstützung wünschen. In diese Lücke stoßen Mentoring-Angebote. Die Evaluationsergebnisse des Programms zeigen, dass sowohl Mentor*innen als auch Mentees vom Peer-Ansatz profitieren und Studienzeitverlängerungen durch frühzeitige Unterstützung vermieden werden können. Interessant ist auch die Empfehlung, Mentoring-Formate nicht nur in der Studieneingangsphase, sondern im gesamten Studienverlauf anzubieten.

Ein „Dauerbrenner" stellt das Thema Studienassistenz dar. Wir beobachten seit geraumer Zeit, dass langwierige und bürokratische Verwaltungsverfahren den Zugang zu Studienassistenz erschweren. Studierende werden abgeschreckt und greifen stattdessen auf individuelle Lösungsstrategien oder familiäre Unterstützung zurück. Hier setzt das im Beitrag von Birgit Drolshagen dargestellte Projekt „Selbstbestimmt studieren mit Studienassistenz" an. Es ermöglicht Studierenden, Studienassistenz zu erproben, ohne sich um die Finanzierung kümmern oder Personalverantwortung übernehmen zu müssen. So kann der Weg zu Studienassistenz geebnet werden. Dass, trotz positiver Erfahrungen, eine anschließende Beantragung teilweise nicht erfolgte, zeigt, wie wichtig der Abbau bürokratischer Hürden bei den Kostenträgern bleibt.

Die Zahl der Studierenden mit psychischen Erkrankungen hat in den letzten Jahren deutlich zugenommen. Auch das Thema Neurodiversität gewinnt an Bedeutung. Peer-Gruppen für Studierende mit psychischen Erkrankungen oder ADHS können durch gegenseitige Unterstützung einen wichtigen Beitrag zum Studienerfolg leisten und kommen in einer wachsenden Zahl von Hochschulen zum Einsatz. Der Beitrag von Claudia Schmidt gibt zahlreiche konzeptionelle Anregungen zur Gestaltung solcher Gruppenangebote. Der genannte Personenkreis unterbricht auch häufiger das Studium und weist behinderungsbedingt längere Studienzeiten auf. Wie bei Unterbrechungen des Studiums der Kontakt zur Hochschule gehalten und der Wiedereinstieg durch individuelle Studienpläne gestaltet werden kann, zeigt der Beitrag von Laura Bühner in diesem Band. Damit widmet sich DoBuS einem sehr aktuellen Thema, das viele Beauftragte und Berater*innen für Studierende mit Behinderungen in den Hochschulen umtreibt.

Der Beitrag von Nadine Finke-Micheel und Andrea Hellbusch zeigt, dass erhebliche Hürden nicht nur für Studieninteressierte und Studierende, sondern auch für den wissenschaftlichen Nachwuchs mit Behinderungen bestehen. Im Rahmen des mittlerweile ausgelaufenen Forschungsprojekts „PROMI – Promotion inklusive" wurden nicht nur 45 zusätzliche Promotionsstellen bundesweit finanziert, darunter auch an der TU Dortmund, sondern auch zahlreiche strukturelle Barrieren identifiziert, die dem gleichberechtigten Zugang zur wissenschaftlichen Qualifizierung im Wege stehen. Hier setzt der Aktionsplan der TU Dortmund an, indem der Zugang zu studentischen und wissenschaftlichen Hilfskraftstellen – oft der Einstieg in eine Wissenschaftskarriere – erleichtert und alle Angebote des Graduiertenzentrums barrierefrei angeboten werden sollen. Ein Schlüssel zu mehr Teilhabe ist die Schaffung von zusätzlichen wissenschaftlichen Mitarbeitendenstellen für Absolvent*innen mit Behinderungen, denn nur Stellen ermöglichen den vollen Zugang zu Leistungen zur Teilhabe am Arbeitsleben wie technische Hilfsmittel oder Arbeitsassistenz. Die Übertragung des „Bielefelder Modells", das eine hochschulweite Umlage zur Finanzierung zusätzlicher Stellenanteile für wissenschaftliche Mitarbeitende mit Behinderungen vorsieht, auf die TU Dortmund ist Teil des Aktionsplans, aber noch in der Diskussion. Es wäre ein großer Fortschritt, wenn die Umsetzung gelingen würde!

Neben Unterstützungsangeboten im Einzelfall kommt der Schaffung von barrierefreien Verhältnissen an den Hochschulen eine Schlüsselrolle zu. Neben der baulichen und digitalen Infrastruktur gehört dazu auch eine barrierefreie Hochschuldidaktik. Die Sensibilisierung von Lehrenden, der Abbau von Verunsicherungen im Umgang mit Studierenden mit Behinderungen und die Vermittlung didaktischer und methodischer Kompetenzen sind dabei wichtig. Für die Qualifizierung von Lehrenden sind in den letzten Jahren an einigen Hochschulen Angebote entstanden, wie beispielsweise das Themenzertifikat „Inklusive Hochschullehre" an der Universität Augsburg. Während sich die inhaltliche Ausgestaltung der Weiterbildungsmodule zum Teil unterscheidet, ist den Ansätzen das Bemühen gemeinsam, diese in die allgemeinen hochschuldidaktischen Weiterbildungsprogramme zu integrieren. Die im Beitrag von Carsten Bender und Vera Janhsen entwickelten fünf Prinzipien für die Gestaltung inklusiver hochschuldidaktischer Angebote sind Praktiker*innen ans Herz gelegt, die an neuen Angeboten arbeiten oder bestehende weiterentwickeln wollen.

Die meisten Schwierigkeiten entstehen für Studierende mit Behinderungen durch fehlende Gestaltungsspielräume bei der Organisation des Studiums, durch zeitliche und formale Vorgaben der Studien- und Prüfungsordnungen. Ein Aspekt, der gerne übersehen wird: Insbesondere Studierende mit psychischen Erkrankungen oder ADHS berichten über Schwierigkeiten, die sie im Bereich des sozialen Miteinanders und der Kommunikation an der Hochschule haben. Hemmungen und Kontaktängste können einerseits Teil der Beeinträchtigung sein, andererseits resultieren Schwierigkeiten auch aus Fehlzeiten und krankheitsbedingten Studienunterbrechungen. Schwierigkeiten entstehen bei der Einbindung in formelle und informelle Lerngruppen, die für den Studienerfolg von großer Bedeutung sind. Die Barrieren bei Gruppenarbeiten können je nach Beeinträchtigung sehr unterschiedlich sein, wie der Beitrag von Annegret Haage zeigt. Gefordert sind hier auch die Lehrenden, die viel dazu beitragen können, dass Gruppenarbeit gelingt. Und Hochschulen müssen durch Angebote wie Tutorien und barrierefreie digitale Medien die Kollaboration fördern.

Videos spielen in der Lehre eine wachsende Bedeutung. Erfreulich ist deshalb, dass DoBuS die Angebote des Umsetzungsdienstes um Audiodeskription und Untertitelung erweitern konnte. Der zeitliche Aufwand für die Umsetzung sollte jedoch – wie Finnja Lüttmann, Leevke Wilkens und Christian Bühler in ihrem Beitrag verdeutlichen – nicht unterschätzt werden. Es ist zu hoffen, dass das Angebot auch auf andere Hochschulen ausgeweitet werden kann.

Die in diesem Band vorgestellten Projekte sind eine Fundgrube für Praktiker*innen und bieten viele Anregungen zur Weiterentwicklung von Angeboten und Strukturen an den einzelnen Hochschulen. Die IBS wird die eigenen Vernetzungstreffen und Tagungen nutzen, um die in diesem Band dargelegten Erkenntnisse bekannt zu machen und den hochschulübergreifenden Austausch anzuregen.

Berlin im Mai 2023

Jens Kaffenberger
Leiter der Informations- und Beratungsstelle Studium und Behinderung (IBS) beim Deutschen Studierendenwerk

I
Einleitung in den Sammelband

Inklusive Strukturen und spezifische Angebote für Studierende mit Behinderungen

Carsten Bender, Laura Bühner & Birgit Drolshagen

1 DoBuS – der Bereich Behinderung und Studium an der TU Dortmund

Die Arbeit des Bereichs Behinderung und Studium (DoBuS) verfolgt das Ziel, chancengleiche Studienbedingungen für Studierende mit Behinderungen und chronischen Erkrankungen zu schaffen. DoBuS unterstützt und berät Studierende, Studieninteressierte und Absolvent*innen mit Behinderungen sowie alle Beschäftigten bzw. Lehrenden, Gremien und Organe der Technischen Universität Dortmund (TU Dortmund) hinsichtlich aller Fragen rund um das Thema Studium mit Behinderung. Zentrale Arbeitsfelder sind die „Beratung" sowie der Bereich „Barrierefreie Medien und Assistive Technologie". Als Teil des Zentrums für Hochschulbildung – einer zentralen wissenschaftlichen Einrichtung der TU Dortmund – führt DoBuS neben den Dienstleistungsaufgaben in den genannten Arbeitsfeldern auch Forschungsprojekte durch.

Viele der DoBuS-Mitarbeitenden verfügen über eigene Behinderungserfahrung und haben akademische Abschlüsse in den Bereichen Pädagogik, Rehabilitationswissenschaften, Psychologie, Kultur- und Sozialwissenschaften und Journalistik. Darüber hinaus besitzen einige Mitarbeitende Zusatzqualifikationen auf dem Gebiet des Peer-Counselings, der systemischen Beratung und Therapie sowie des Coachings. Zum Team zählen neben den dauerhaft beschäftigten Mitarbeitenden immer wieder Projektmitarbeitende sowie studentische und wissenschaftliche Hilfskräfte.

Grundlage für die Arbeit im interdisziplinären Team ist ein von allen geteiltes Behinderungs- und Professionsverständnis sowie ein überfachlicher Arbeitsansatz, der bei den Bedarfen von Studierenden mit Behinderungen und chronischen Erkrankungen ansetzt und, neben der

individuellen Unterstützung einzelner Studierender, auch auf eine Weiterentwicklung von Strukturen der Hochschule abzielt. Im Folgenden
werden dieses Grundverständnis sowie der Arbeitsansatz und die spezifischen Angebote, die auf Grundlage dieses Arbeitsansatzes entwickelt
wurden, ausgeführt.

2 Grundverständnis und Methoden der Arbeit

2.1 Menschenbild, Behinderungsverständnis und professionelle Haltung

Grundlegend für die Arbeit von DoBuS ist ein Professionsverständnis,
welches im Sinne einer konsequenten Nutzendenorientierung an den
Bedarfen des Individuums ansetzt und zugleich auf dem Verständnis basiert, dass Behinderung keineswegs eine der Person innewohnende Eigenschaft ist, sondern vielmehr eine Situation beschreibt, in der mate-
rielle, soziale oder einstellungsbezogene Kontextbedingungen die Teilhabe am gesellschaftlichen Leben beeinträchtigen (WHO, 2005). Studierende mit Behinderungen und chronischen Erkrankungen sind im Sinne
der UN-Behindertenrechtskonvention (UN-BRK) Menschenrechtsträger,
die gemäß Artikel 24 Absatz 5 Anspruch auf die Teilhabe an hochschulischer Bildung haben (VN, 2008). Dies verpflichtet die Hochschulen und
ihre Angehörigen, Bedingungen herzustellen, die diese gleichberechtigte Teilhabe an allen Bereichen des Studiums ermöglichen. Um dies
zu erreichen, sieht sich DoBuS in seiner Arbeit der Parteilichkeit für die
Studierenden verpflichtet.

Die Studierenden werden als eigenständige und eigenverantwortli-
che Persönlichkeiten gesehen und in ihrer Verschiedenartigkeit respek-
tiert. Die Wertschätzung der Verschiedenheit der Studierenden schlägt
sich nicht zuletzt im Grundsatz der Arbeit von DoBuS nieder, dass
jede*jeder Studierende unabhängig von der Art und Schwere der Behinderung das gewünschte Studienfach, an der gewünschten Hochschule
studieren können sollte. Beratung und Unterstützung zielen darauf ab,
im Sinne des Empowermentansatzes die Ressourcen und Resilienzen
der Studierenden zu erkennen und zu stärken. Bei der Beratung und

Unterstützung, die grundsätzlich auf Freiwilligkeit beruhen, stehen im Sinne einer konsequenten Nutzendenorientierung die Anliegen und Interessen der Studierenden im Vordergrund. Gemeinsam wird die Situation des*der Studierenden analysiert und reflektiert. Darauf aufbauend werden die Studierenden dabei unterstützt, aktiv und eigenverantwortlich Lösungen zu finden und umzusetzen. Dabei kann ein Teil der Mitarbeitenden auf eigene Behinderungserfahrung zurückgreifen und diese im Sinne der doppelten Expert*innenschaft (Bender & Janhsen, 2022; Drolshagen, 2012), bzw. orientiert am Konzept des Peer-Counselings, einbringen.

Gemäß dem an der ICF orientierten Behinderungsverständnis werden bei der Analyse von Problemsituationen und der Entwicklung von Lösungsansätzen die materiellen, sozialen und einstellungsbezogenen Kontextbedingungen in den Blick genommen, welche, in Wechselwirkung mit körperlichen oder psychischen Beeinträchtigungen, eine gleichberechtigte Teilhabe an der Hochschulbildung behindern. Daher wird in der Beratung und Unterstützung nicht nur die jeweilige Problemkonstellation, sondern ebenfalls die Zuständigkeit zur Problemlösung sehr genau analysiert und deren Lösung eingefordert. Die Studierenden werden in diesem Zusammenhang als Expert*innen in eigener Sache verstanden, d.h. sie können am besten darüber Auskunft geben, in welcher Weise sie im Studium behindert werden. Auch können sie am besten einschätzen, ob und welche Maßnahmen geeignet sind, um erlebte Barrieren zu beseitigen.

2.2 Der Dortmunder Arbeitsansatz

Die Arbeitsweise von DoBuS zeichnet sich durch den Dortmunder Arbeitsansatz aus. Dieser von DoBuS entwickelte Arbeitsansatz ist eine praxisorientierte Methode und ein prototypischer Weg, wie die Annäherung an das Ziel inklusiver Hochschulen schrittweise realisiert werden kann. Kennzeichnend für diesen Arbeitsansatz ist, dass er sowohl auf der Ebene der individuellen Studiensituation einzelner Studierender mit Behinderungen und chronischer Erkrankungen als auch auf der Ebene des Systems Hochschule ansetzt (Drolshagen, Klein, Rothenberg & Tillmann, 2002). Seine über die Entwicklung von Einzelfalllösun-

Abbildung 1: Der Dortmunder Arbeitsansatz

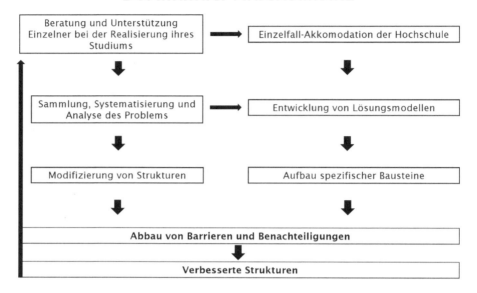

gen hinausgehende Perspektive (Drolshagen & Klein, 2016) stellt sicher, dass zusätzlich zur Entwicklung angemessener Vorkehrungen im Einzelfall schrittweise auch barrierefreie Strukturen aufgebaut werden, die langfristig zu einer Reduzierung individueller Bedarfe und individuell notwendiger Anpassungen beitragen.

Ausgangspunkt der Arbeit von DoBuS ist die Beratung und Unterstützung Einzelner bei der Realisierung ihres Studiums. Dies umfasst bedarfs- und anlassbezogen die Entwicklung individueller Lösungen, die den jeweiligen Studierenden einen erfolgreichen Umgang mit den Barrieren ermöglichen, auf die sie treffen. Hierzu gehören sowohl die Unterstützung bei der individuellen Kompensation der jeweiligen Beeinträchtigung, zum Beispiel durch den Einsatz von Gebärdensprachdolmetschenden oder Studienassistenz, als auch die Unterstützung dabei, bedarfsgerechte, angemessene Vorkehrungen und Nachteilsausgleiche, zum Beispiel eine Zeitverlängerung bei Klausuren, einzufordern.

Die aufgetretenen Bedarfe und entwickelten Einzelfalllösungen werden bei DoBuS in einem zweiten Schritt systematisch erfasst und dahingehend analysiert, ob allgemeine Rahmenbedingungen (z. B. Studien-

und Prüfungsordnungen) oder Strukturen (z.B. nicht barrierefreie bauliche oder technische Infrastruktur) zur Benachteiligung und Exklusion geführt haben. Die Ergebnisse dieser Analyse lassen ggf. Handlungsbedarfe erkennen, allgemeine Hochschulstrukturen im Hinblick auf ihre Nutzbarkeit für Studierende mit Behinderungen und chronischen Erkrankungen zu modifizieren oder spezifische Angebote zur Unterstützung der Studierenden, zum Beispiel einen Umsetzungsdienst zur Adaption von Studienmaterialien, zu entwickeln und dauerhaft in die Hochschulstruktur zu implementieren. Diese Implementierung erfolgt in enger Kooperation mit den Akteur*innen des Disability Mainstreamings und Diversity Managements. Insbesondere in der Verzahnung des nutzendenorientiert und somit anlassbezogen ansetzenden Dortmunder Arbeitsansatzes mit dem anlassunabhängig und somit überindividuell agierenden Diversity Management wird es möglich, auf hochschulstruktureller Ebene Veränderungen zu bewirken, bei denen von vornherein sichergestellt ist, dass sie an den Bedarfen der Zielgruppe der Studierenden mit Behinderungen und chronischen Erkrankungen ausgerichtet sind (Drolshagen & Klein, 2016; Rothenberg, Welzel & Zimmermann, 2015).

3 Arbeitsfelder und Aufgaben

3.1 Spezifische Angebote

Basierend auf dem oben dargestellten Arbeitsansatz wurden bei DoBuS in den vergangenen Jahrzehnten eine Reihe von spezifischen Angeboten entwickelt. Dies sind Angebote, die sich speziell an Studieninteressierte, Studierende und Absolvent*innen mit Behinderungen und chronischen Erkrankungen richten und Aufgaben wahrnehmen, die von den allgemeinen Angeboten der Hochschule nicht abgedeckt werden. Im Folgenden werden die schon seit vielen Jahren bestehenden spezifischen Angebote skizziert, die in den letzten Jahren neu entwickelten Angebote werden ausführlich in Teil II dieses Buches vorgestellt.

3.1.1 Beratung

Eine der zentralen Tätigkeiten von DoBuS ist die Beratung von Studieninteressierten, Studierenden und Absolvent*innen. Zu Fragen rund um den Studieneinstieg werden Studieninteressierte u.a. im Rahmen von Einzelberatung unterstützt. Dies reicht von Fragen der Beantragung von Nachteilsausgleichen bei der Bewerbung um einen Studienplatz, über barrierefreie Wohnmöglichkeiten, bis hin zur Finanzierung des behinderungsbedingten Mehrbedarfs an Assistiver Technologie oder Studienassistenz. Ein dreitägiges Schnupperstudium für Studieninteressierte mit Behinderungen und chronischen Erkrankungen sowie ein Mentoring-Programm (siehe Franz in diesem Band) sind weitere Angebote, die den Studieneinstieg fokussieren. Sie können ergänzend zur Einzelberatung genutzt werden.

Im Mittelpunkt der Beratung am Ende des Studiums stehen u.a. formale Fragen zu Bewerbungsverfahren, zur Selbstdarstellung im Verfahren, zu Beantragung und Einsatz von Arbeitsassistenz und zu Rechten von schwerbehinderten Menschen im Arbeitsleben. Kontakte zu öffentlichen Stellen, die bei der Arbeitssuche unterstützen, werden hergestellt. Ein jährlich angebotener Absolvierendentag für Studierende der Abschlusssemester ergänzt die Einzelberatung.

Im Laufe eines Studiums können für Studierende mit Behinderungen und chronischen Erkrankungen vielfältige Fragen und Schwierigkeiten auftreten. Im Rahmen der Beratung bietet DoBuS den Studierenden ein niedrigschwelliges Beratungs- und Unterstützungsangebot, das es ihnen ermöglichen soll, trotz ihrer Beeinträchtigung und den erlebten Barrieren erfolgreich zu studieren. Je nach individueller Beeinträchtigung, Anforderungen im Studiengang und Lebenssituation können hierbei ganz unterschiedliche Themen besprochen werden. Das Spektrum reicht von Fragen der Beantragung von Nachteilsausgleichen für Studium und Prüfungen, über Fragen der individuellen Studienverlaufsplanung, der Suche von Peer-Kontakten und der Finanzierung des behinderungsbedingten Studienmehrbedarfs, bis hin zu Fragen des Einsatzes geeigneter behinderungsspezifischer Arbeitstechniken oder des Umgangs mit sozialen und psychischen Belastungssituationen im Studium.

Ergänzt wird die Einzelberatung durch beeinträchtigungs- oder themenspezifische Gruppenangebote (siehe Bühner sowie Schmidt in diesem Band) und Workshops (siehe Drolshagen in diesem Band). Diese werden immer dann initiiert, wenn in der Einzelberatung deutlich wird, dass zu bestimmten Themen eine vertiefte Auseinandersetzung mit Peers sinnvoll sein könnte.

3.1.2 Barrierefreie Medien und Assistive Technologie

Für Studierende mit Behinderungen können Assistive Technologien einen wichtigen Beitrag für ein erfolgreiches Studium leisten. Das Spektrum an Assistiver Technologie bzw. Software sowie die möglichen Einsatzfelder im Studium sind groß. DoBuS berät Studierende hinsichtlich der Chancen und Grenzen des Einsatzes Assistiver Technologie, schult sie in der effizienten Nutzung und stellt im Arbeitsraum und Hilfsmittelpool den Studierenden verschiedenste Hilfsmittel zur Verfügung, um an der Universität ohne Barrieren digital arbeiten und Klausuren schreiben zu können.

Mit dem Angebot eines studentischen Medien- und Arbeitsraumes trägt DoBuS dazu bei, an der TU Dortmund chancengleiche Lern-, Arbeits- und Prüfungsbedingungen für Studierende mit Behinderungen und chronischen Erkrankungen zu schaffen. Zielgruppe sind alle Studierenden, die die allgemeinen studentischen Arbeitsräume nicht nutzen können, da sie aufgrund ihrer Beeinträchtigung spezifische Arbeitstechniken oder assistive Technologie einsetzen. Zur Ausstattung des Raumes gehören insbesondere elektronische und konventionelle Hilfsmittel für Studierende mit Sehbeeinträchtigung oder Blindheit, mit Hörbeeinträchtigungen oder motorischen Beeinträchtigungen. Portable Hilfsmittel bilden den Hilfsmittelpool und können u.a. von Studierenden mit Behinderungen kurzzeitig entliehen werden, um eine bedarfsgerechte Teilhabe an Lehrveranstaltungen zu ermöglichen. Sowohl der Arbeitsraum als auch die portablen Hilfsmittel können von Studierenden auch bei der Anfertigung von Klausuren genutzt werden, sofern ein entsprechender Nachteilsausgleich bewilligt wurde.

Um sicherzustellen, dass die Studierenden die Bedienung der assistiven Technologie in Verbindung mit der im Studium eingesetzten Software sowie den digitalen Lernumgebungen effizient beherrschen, werden Einzelschulungen angeboten. Ziel ist es, Studierende mit Behinderungen, aufbauend auf den während der Schulzeit erworbenen Medien-kompetenzen, bei der Neu- oder Weiterentwicklung effizienter Arbeits-techniken zu unterstützen (Drolshagen & Klein, 2019). Diese Schulungen werden in der Regel im Sinne des Peer-Counselings von behinderungs-erfahrenen Mitarbeitenden, die selbst assistive Technologien einsetzen, durchgeführt.

Wenn Studierende mit Behinderungen im Studium mit Studien- bzw. Lernmaterialien arbeiten müssen, die nicht barrierefrei sind, setzt Do-BuS diese, im Sinne angemessener Vorkehrungen, entsprechend der in-dividuellen Bedarfe der Studierenden um. Dieses Dienstleistungsange-bot umfasst die Adaption von Prüfungs- und Studienmaterialien (Text-dokumente, Präsentationen) sowie die Untertitelung und Audiodeskrip-tion von in der Lehre eingesetzten Videos (siehe Lüttmann, Wilkens & Bühler in diesem Band) und die bedarfsgerechte Aufbereitung von Gra-fiken und Abbildungen. Prüfungsmaterialien können dann umgesetzt werden, wenn dies zuvor als Nachteilsausgleich anerkannt wurde. Das Umsetzungs-Angebot fokussiert insbesondere die Bedarfe von Studie-renden mit Sehbeeinträchtigung und Blindheit.

Weitere Zielgruppen sind Studierende mit Hörbeeinträchtigungen oder Studierende mit Neurodiversität, die bei der Arbeit mit Texten und Abbildungen auf Probleme treffen (so genannte Lesebehinderung). Das Umsetzungsangebot – aber auch alle weiteren spezifischen Angebote von DoBuS – verstehen sich als subsidiär, d.h. sie kommen nur dann zum Tragen, wenn Studierende mit Behinderungen bei der Nutzung der allgemeinen Angebote auf Barrieren treffen. So wäre es zum Beispiel selbstredend zu begrüßen, wenn alle Studienmaterialien von vornhe-rein barrierefrei sind und sich gar kein Bedarf für eine Umsetzung durch DoBuS ergeben würde.

3.2 Barrierefreie und inklusive Strukturen

Neben den spezifischen Angeboten in den Bereichen Beratung sowie Barrierefreie Medien und Assistive Technologien, besteht ein zweiter Arbeitsschwerpunkt von DoBuS darin, alle Akteure, Einrichtungen und Gremien bzw. Organe der Universität dabei zu unterstützen, in ihrer Arbeit möglichst von Anfang an die Situation von Studierenden mit Behinderungen mitzudenken und potenzielle Formen von Diskriminierung und Benachteiligung zu vermeiden, indem barrierefreie und inklusive Angebote auf- und bestehende Barrieren und Exklusionsmechanismen abgebaut werden.

Um diese Aufgabe wahrzunehmen, ist DoBuS in viele Prozesse und Maßnahmen zur Barrierefreiheit der TU Dortmund systematisch eingebunden. Hier zeigt sich die Verzahnung der Arbeit von DoBuS mit dem Disability Mainstreaming-Prozess an der TU Dortmund. In den letzten Jahren wurden Themen der Barrierefreiheit beispielsweise eingebracht bei Bau- und Modernisierungsvorhaben, bei der Modernisierung der IT-Ausstattung der Hörsäle, bei der Entwicklung der Campus App, bei der Einführung des Campus-Management-Systems sowie bei der Entwicklung einer taktilen und auditiven Campus-Information.

Um das Disability Mainstreaming an der TU Dortmund noch systematischer und konsequenter voranzutreiben, ist seit dem Jahr 2019 an der TU Dortmund der Aktionsplan „Eine Hochschule für Alle" etabliert. Mit diesem Instrument wird das Ziel verfolgt, im Sinne der UN-BRK, gemeinsam mit allen Akteuren der Hochschule die TU Dortmund zu einem Ort zu entwickeln, an dem inklusiv gelehrt, geforscht, gearbeitet und gelebt wird. Gemeinsam mit der Stabstelle Chancengleichheit, Familie und Vielfalt, koordiniert und evaluiert DoBuS die Maßnahmen des Aktionsplans (siehe Fincke-Micheel & Hellbusch in diesem Band).

Über diese Unterstützung des Disability Mainstreamings in den genannten Gremien hinaus, berät DoBuS anlassbezogen alle Angehörigen der Hochschule hinsichtlich konkreter Fragen zu einer inklusiven und barrierefreien Hochschule. Zusätzlich zu dieser Einzelberatung bietet DoBuS regelmäßig Workshops an, die Hochschulmitarbeitende aus Lehre, Technik und Verwaltung befähigen, ihre Angebote für Studierende barrierefrei zu gestalten. Hierzu gehören beispielsweise Workshops zur barrierefreien Gestaltung von Dokumenten und Formularen. Im Zentrum der Weiterbildungsangebote für Lehrende stehen sowohl die Sensibilisierung für die spezifischen Lern- und Studiensituationen von Studierenden mit Behinderungen und chronischen Erkrankungen als auch die Qualifizierung der Lehrenden im Hinblick auf ihr methodisch didaktisches Repertoire zur Gestaltung inklusionsorientierter Lehre. Ziel hierbei ist es, Lehrende zu befähigen, möglichst proaktiv barrierearme Lehr-Lern-Situationen zu gestalten. So werden zum Beispiel Workshops zur inklusionsorientierten Gestaltung von Lehrveranstaltungen, zum diskriminierungsfreien Prüfen, zur Gestaltung von barrierefreien PowerPoint-Präsentationen und Studienmaterialien angeboten. Alle von DoBuS durchgeführten Weiterbildungsangebote sind Teil des allgemeinen Angebots der hochschuldidaktischen und innerbetrieblichen Weiterbildung, d. h. sie erweitern bzw. vertiefen das Angebot dieser Einrichtungen hinsichtlich des Themenfeldes Behinderung und Studium (siehe Bender & Janhsen in diesem Band).

4 Ausblick auf den Sammelband

Da sich die Hochschule sowie die gesellschaftlichen Rahmenbedingungen eines Studiums (mit Behinderungen) stetig verändern, nimmt DoBuS auf der Basis des Dortmunder Arbeitsansatzes fortlaufend in den Blick, ob die spezifischen Angebote und barrierefreien bzw. inklusiven Strukturen hinreichend sind, um, entsprechend der UN-BRK, ein chancengleiches und gleichberechtigtes Studium zu gewährleisten. Zeigt sich der Bedarf, spezifische Angebote oder Hochschulstrukturen weiterzuentwickeln, hat DoBuS, als Teil einer zentralen wissenschaftlichen Einrichtung der TU Dortmund, die Möglichkeit, diese Weiterentwicklungen im Rahmen von eigenen Entwicklungs- und Forschungsprojekten voranzutreiben oder sich an hochschulübergreifenden Projekten zu beteiligen. Entsprechend der nutzendenorientierten Arbeitsweise sind die durch die Beratung aufgedeckten und systematisch analysierten Bedarfe von Studierenden mit Behinderungen ein wesentlicher Ansatzpunkt bei der Projektenwicklung. Zudem ist auch bei der Projektdurchführung die Beteiligung von Studierenden (z. B. in Form von Einzel- oder Gruppeninterviews) ein wichtiger Bestandteil (siehe Drolshagen sowie Haage in diesem Band). Die Projekte adressieren sowohl den Übergang Schule / Hochschule, die Phase des Studiums als auch den Übergang Hochschule / Berufstätigkeit. Im Rahmen von Projekten werden a) neue Angebote und Dienstleistungen entwickelt, durchgeführt, evaluiert und ggf. als spezifische Angebote verstetigt oder es wird b) daran mitgewirkt, gemeinsam mit anderen Akteuren neue Konzepte oder Strukturen im Kontext von Studium und

Lehre an der TU Dortmund von vornherein inklusiv bzw. barrierefrei zu entwickeln. Da die Projekte und die daraus erwachsenen spezifischen Angebote bzw. barrierefreien Strukturen auch für andere Hochschulen modellhaften Charakter besitzen können, ist die Verbreitung der Projektidee und Projektergebnisse ein wichtiger Bestandteil der Projektarbeit. Das vorliegende Buch ist das Resultat dieser Arbeit.

Das Buch ist gegliedert in Projekte, die die Entwicklung spezifischer Angebote fokussieren (Teil II), und Projekte, die auf Veränderungen der allgemeinen Hochschulstruktur abzielen (Teil III). Die im zweiten Teil des Buches zusammengestellten Beiträge von Laura Bühner, Birgit Drolshagen, Alexandra Franz, Finnja Lüttmann, Leevke Wilkens & Christian Bühler sowie Claudia Schmidt zeigen wie spezifische Angebote entwickelt und in das Angebot von DoBuS implementiert werden. Carsten Bender & Vera Janhsen, Nadine Finke-Micheel & Andrea Hellbusch sowie Annegret Haage geben im dritten Teil des Buches mit ihren Beiträgen einen Einblick, wie auf unterschiedlichen Ebenen hochschulstrukturelle Maßnahmen Barrierefreiheit erwirken können.

Wir danken allen Autor*innen, dass sie mit Ihren Artikeln zum Gelingen dieses Buches beigetragen und die Vielfalt der Arbeit von DoBuS bzw. der TU Dortmund erkennbar gemacht haben. Sehr gefreut hat uns das überaus wertschätzende Geleitwort von Jens Kaffenberger, dem Leiter der Informations- und Beratungsstelle Studium und Behinderung beim Deutschen Studierendenwerk. Zudem danken wir Dorothea Hayh für ihre sehr geduldige und äußerst sorgfältige Unterstützung beim Korrigieren und Formatieren der Texte! Illustriert wird das Studium mit und ohne Behinderung auf dem Campus der TU Dortmund auf zwei Fotodoppelseiten. Gedankt sei an dieser Stelle allen Personen, die bei der Entstehung der Fotos beteiligt waren, sowohl vor als auch hinter der Kamera. Ermöglicht hat die Publikation dieses Buches das Preisgeld des Arbeitgeberpreises für Bildung, den die TU Dortmund für ihr „überzeugendes Konzept zur sorgfältigen, nachhaltigen und erfolgreichen Inklusion von jungen Menschen mit Behinderung oder Beeinträchtigung" erhalten hat.

Dortmund im Mai 2023, die Herausgeber*innen
Carsten Bender, Laura Bühner und Birgit Drolshagen

Literatur

Bender, C. & Janhsen, V. (2022). Lehren und Lernen im Kontext der UN-Behindertenrechtskonvention. Behinderungserfahrungen als Ressource im Kontext einer inklusionsorientierten Lehramtsausbildung. In E. Ballhorn, C. Neuhäuser & B. Welzel (Hrsg.), *Inkarnation // Dekarnation* (S. 96–107). Vallendar: Schönstatt.

Drolshagen, B. (2012). Sehen wir weiter! Zur Heterogenität der „Betroffenenperspektive". *blind-sehbehindert, 132*(3), 168–175.

Drolshagen, B. & Klein, R. (2016). Hochschulen der Vielfalt – Herausforderungen für die Zukunft, Handlungsmöglichkeiten für die Gegenwart. In I. Hedderich & R. Zahnd (Hrsg.), *Teilhabe und Vielfalt: Herausforderungen einer Weltgesellschaft. Beiträge zur internationalen Heil- und Sonderpädagogik* (S. 300–308). Bad Heilbrunn: Klinkhardt.

Drolshagen, B. & Klein, R. (2019). Medienkompetenz blinder und sehbeeinträchtigter Studierender – Eine Frage der Gestaltung passgenauer Übergänge. In B. Drolshagen & M. Schnurnberger (Hrsg.), *Sehen in Kontexten. Perspektiven auf Wahrnehmung, Sehbeeinträchtigung und Blindheit. Festschrift für Renate Walthes* (S. 144–161). Würzburg: Edition Bentheim.

Drolshagen, B., Klein, R., Rothenberg, B. & Tillmann, A. (2002). *Eine Hochschule für alle.* Würzburg: Edition Bentheim.

Rothenberg, B., Welzel, B. & Zimmermann, U. (2015). Behinderung und Diversitätsmanagement. Von der Graswurzelarbeit zum Disability Mainstreaming. In U. Klein (Hrsg.), *Inklusive Hochschule. Neue Perspektiven für Praxis und Forschung* (S. 20–40). Weinheim: Beltz Juventa.

Vereinte Nationen / VN. (2008). *Übereinkommen über die Rechte von Menschen mit Behinderungen.* Verfügbar unter: www.netzwerk-artikel-3.de/un-konv/doku/un-konv-de.pdf

Weltgesundheitsorganisation / WHO. (2005). *Internationale Klassifikation der Funktionsfähigkeit, Behinderung und Gesundheit.* Verfügbar unter: http://www.soziale-initiative.net/wp-content/uploads/2013/09/icf_endfassung-2005-10-01.pdf

II
Spezifische Unterstützungsangebote für Studierende mit Behinderungen

Sommer auf dem Campus

Workshop: Diversitätssensible Fotos

Pause vor dem EF50-Gebäude

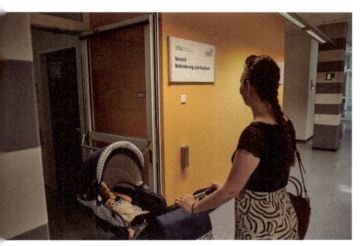

Studentin besucht DoBuS

Audiotaktiler Lageplan auf dem Campus

Studieren mit beeinträchtigungsbedingten Studienzeitverzögerungen und -unterbrechungen

Maßnahmen und spezifische Angebote

Laura Bühner

1 Zur Situation von Studierenden mit beeinträchtigungsbedingten Studienzeitverzögerungen und -unterbrechungen

Es gibt viele Gründe, aus denen sich ein Studium verzögern kann. So zählen unter anderem eine schlechte Koordination der Studienangebote, andere Verpflichtungen neben dem Studium, Schwierigkeiten mit der eigenen Studienorganisation, Angst vor Prüfungssituationen, bewusstes Zeitlassen aufgrund anderer wichtig erscheinender Lebensbereiche sowie eine geringe Motivation in Hinblick auf Fach, Studium, Lernen dazu (RuhrFutur, 2018, S. 22). Die RuhrFutur Studie ergab, dass sich 56 % der Studierenden zum Befragungszeitpunkt nicht innerhalb des vorgesehenen Studienverlaufsplans befanden und dementsprechend nicht in der für den Studiengang vorgesehenen Regelstudienzeit studierten (ebd., S. 21).

Lange Zeit war nicht bekannt, dass Studierende mit Behinderungen und chronischen Erkrankungen in der Gruppe der Studierenden mit Studienzeitverzögerungen und auch in der Gruppe der Studierenden mit Studienunterbrechungen deutlich häufiger vertreten sind als Studierende ohne Behinderungen. Die 21. Sozialerhebung sowie die best2-Studie des Deutschen Studierendenwerks zeigen auf, dass zum Zeitpunkt der 21. Sozialerhebung über ein Drittel der Studierenden mit Beeinträchtigung bereits mehr als 10 Hochschulsemester studieren. Lediglich etwas mehr als ein Fünftel unter den Studierenden ohne studienerschwerende Beeinträchtigungen weisen diese Studiendauer auf

(Middendorff, Apolinarski, Becker, Bornkessel, Brandt, Heißenberg & Poskowsky, 2017, S. 36). Studierende mit Behinderungen und chronischen Erkrankungen unterbrechen ihr Studium anteilig mehr als doppelt so häufig wie Studierende ohne Beeinträchtigungen (32 % vs. 13 %) und haben dabei auch eine längere durchschnittliche Gesamtunterbrechungsdauer (∅ 2,8 Semester vs. ∅ 2,0 Semester) (ebd., S. 37).

Neben allen in der RuhrFutur Studie aufgezeigten Gründen für Studienzeitverzögerungen, die genauso für Studierende mit Behinderungen und chronischen Erkrankungen ursächlich für eine längere Studiendauer sein können, kommen für diese Studierendengruppe weitere Ursachen in Betracht. Studierende mit Behinderungen und chronischen Erkrankungen können häufig ihre Arbeitskraft nicht voll dem Studium widmen, da sie unter anderem zusätzliche Zeit und Energie für die Organisation des alltäglichen Lebens sowie für Therapie und Reha-Maßnahmen brauchen. Sie sind dadurch auf eine individuelle Studiengestaltung angewiesen; diese gestaltet sich jedoch häufig schwierig. Durch Krankheitsschübe, Arzttermine, Krankenhaus- und Reha-Aufenthalte kann es immer wieder zu kürzeren oder auch längeren, oftmals auch unvorhergesehenen und nicht planbaren Unterbrechungen kommen (DSW, 2013, S. 100 ff.). Beeinträchtigungsbezogene Schwierigkeiten, von denen 89 % der Studierenden mit Behinderungen und chronischen Erkrankungen betroffen sind (Poskowsky, Heißenberg, Zaussinger & Brenner, 2018, S. 121) und die sich unter anderem durch die Prüfungsdichte, die Dauer der Prüfungen (ebd., S. 129), das Leistungspensum sowie durch die Verpflichtung zur regelmäßigen Anwesenheit in Lehrveranstaltungen (ebd., S. 137) ergeben, können ebenfalls ursächlich für Studienzeitverzögerungen sein. Je stärker die Studierenden ihre Studienerschwernis einschätzen, desto größer ist der Anteil derer, die sich im Wintersemester 2016/17 in einer inoffiziellen Studienunterbrechung befinden (ebd., S. 61). Dadurch, dass weniger als ein Drittel der Studierenden mit beeinträchtigungsbezogenen Schwierigkeiten zur Kompensation dieser Erschwernisse im Studium einen individuellen Nachteilsausgleich beantragt, können diese Schwierigkeiten häufig nicht kompensiert werden (ebd., S. 175 ff.).

Obgleich Studienzeitverzögerungen und Studienunterbrechungen Studierende mit Behinderungen und chronischen Erkrankungen so viel häufiger betreffen, ist auf Grund der nicht offensichtlichen Wahrnehmbarkeit der Beeinträchtigung (Poskowsky et al., 2018, S. 4 und S. 25 f.) und der Tatsache, dass Studierende ihre Beeinträchtigung oftmals nicht kommunizieren (ebd., S. 148 ff.), ihre überdurchschnittliche Präsenz in diesen Gruppen für Lehrende, Hochschulmitarbeitende und Beratungsangebote nicht offensichtlich und häufig nicht bekannt. Daher fehlen an den Universitäten oft passende Unterstützungsmaßnahmen für Studierende mit beeinträchtigungsbedingten Studienzeitverzögerungen und -unterbrechungen. Aufgrund der Komplexität der Herausforderungen müssen Unterstützungs- und Beratungsangebote auf verschiedenen Ebenen ansetzen. Aus diesem Grund wurde bei DoBuS, dem Bereich Behinderung und Studium an der TU Dortmund, das eine Laufzeit von zwei Jahren umfassende Projekt „Studieren mit beeinträchtigungsbedingten Studienzeitverzögerungen und -unterbrechungen" initiiert. Das übergeordnete Projektziel war die Entwicklung von Unterstützungsmaßnahmen für Studierende mit beeinträchtigungsbedingten Studienzeitverzögerungen und Studienunterbrechungen, um diese beim Wiedereinstieg bzw. Fortsetzen des Studiums zu unterstützen. Weitere Studienverzögerungen, unnötige Studiengangwechsel und auch Studienabbrüche sollen dadurch vermieden werden.

2 Herausforderungen und Schwierigkeiten im Studium

2.1 Soziale Integration

Eine hohe soziale Integration in die Hochschule stellt nach Heublein et al. (2017) eine wesentliche Voraussetzung für den Studienerfolg dar (Heublein et al., 2017, S. 158 f.). Im Kontakt mit den Kommiliton*innen werden wichtige Studieninformationen ausgetauscht, durch die soziale Vernetzung wird ein positiver Einfluss auf den Studienverlauf ausgeübt und so zu einer erfolgreichen Absolvierung des Studiums beigetragen. Die Beteiligung an Lerngruppen, in denen sich die Studierenden gegenseitig bei der Bewältigung von Studienanforderungen unterstützen und/oder eine Arbeitsteilung vornehmen, kann sich leistungsfördernd auswirken und einen wichtigen Erfolgsfaktor im Studium darstellen (ebd.; Hauch et al., 2007, S. 79 f.; Ebert, 2012, S. 292; Kita, 2016, S. 153). Durch feste Freundschaften und Lerngruppen kann das Belastungsempfinden deutlich verringert und eine bessere Bewältigung der Anforderungen und Gegebenheiten in der Hochschule ermöglicht werden (Petzold-Rudolph, 2017, S. 402). Die soziale Eingebundenheit zu den Kommiliton*innen hat sich zudem als besonders bedeutsam für die Studienzufriedenheit (Gruber, Fuß, Voss & Gläser-Zikuda, 2010; Staar, Kania, Gurt & Kunert, 2018, S. 218) sowie als wichtiges Kriterium für die Motivation hinsichtlich des Studiums erwiesen (Hauch et al., S. 79 f.; Heublein et al., 2009, S. 123). Studierende, die stärker in das soziale System der Hochschule integriert sind, ziehen eine vorzeitige Exmatrikulation weniger in Betracht (Klein, 2019, S. 314; Kolland, 2002, S. 175).

Für Studierende mit Behinderungen und chronischen Erkrankungen ist die soziale Integration darüber hinaus zudem eine alternative Lösungsstrategie zur Kompensation beeinträchtigungsbezogener Schwierigkeiten. Die Unterstützung durch Kommiliton*innen, das private Umfeld sowie Therapeut*innen werden in der best2-Studie von Studierenden mit beeinträchtigungsbezogenen Schwierigkeiten im Studium besonders häufig als (sehr) hilfreich bewertet (Poskowsky et al., 2018, S. 210). Verlässliche, enge Beziehungen zwischen Kommiliton*innen können entscheidend dazu beitragen, beeinträchtigungsbedingte Schwierigkeiten während des Studiums zu bewältigen und sind für ein erfolgreiches Studium von besonderer Bedeutung (ebd., S. 150). Studienunterbrechungen und Studienzeitverzögerungen, von denen Studierende mit Behinderungen und chronischen Erkrankungen deutlich häufiger betroffen sind, können jedoch zu Verlusten von Lerngruppen und Beziehungen führen. Häufig sind Freunde und Kontakte beim Wiedereinstieg in das Studium schon deutlich weiter oder haben ihr Studium bereits abgeschlossen. Die Studierenden sind somit von ihren früheren sozialen Kontakten und auch der Unterstützung durch die Mitstudierenden abgeschnitten. Die Kontaktaufnahme zu anderen Studierenden, die Einbindung in stabile Bezugsgruppen und Lerngemeinschaften kann erschwert oder verhindert sein (Stemmer, 2017, S. 298 f.; Poskowsky et al., 2018, S. 151 f.; zu Barrieren und Förderfaktoren im kollaborativen Lernen für Studierende mit Behinderungen siehe Haage in diesem Band). Heublein et al. (2009) beschreiben, dass einige Studierende diese fehlende soziale Integration durch einen erhöhten individuellen Studieneinsatz und einen gesteigerten Zeitaufwand kompensieren (S.123). Für Studierende mit Behinderungen, die beeinträchtigungsbedingt häufig ihre Arbeitskraft nicht voll dem Studium widmen können, stellt diese Art der Kompensation in der Regel keine Lösung dar.

Somit kann festgehalten werden, dass gerade für Studierende mit Behinderungen, für die die soziale Integration nochmals verstärkt von Bedeutung ist, diese gleichzeitig aufgrund der beeinträchtigungsbedingten Studienzeitverzögerungen und -unterbrechungen erschwert ist. Es ist daher wichtig, dass Mitarbeitende der Beratungsangebote und der Fakultäten hierfür sensibilisiert sind und bei der Unterstützung der Studierenden, vor allem auch bei der Wiedereingliederung nach einer Studienunterbrechung, auch der Aspekt der sozialen Integration ausreichend Berücksichtigung findet.

2.2 Studienverlauf

Studienzeitverzögerungen und Studienunterbrechungen führen dazu, dass Studierende nicht im durch die Studienordnung vorgesehenen Studienverlauf studieren. Dass Module aufeinander aufbauen, nicht jede Veranstaltung in jedem Semester angeboten wird, Plätze in Pflichtveranstaltungen begrenz sind, zahlreiche Vorgaben zu Anwesenheitspflichten, Modalitäten für Praktika, Laborarbeiten oder Auslandsaufenthalte existieren und die Studierenden zudem durch den Verlust ihrer Bezugs- und Lerngruppe von Unterstützung und informellen Informationen abgeschnitten sind, erschwert es für die Studierenden, eigenständig einen geeigneten Studienverlaufsplan zu erstellen. Hinzu kommt, dass sich häufig nach einer beeinträchtigungsbedingten Studienunterbrechung auch die eigenen Ressourcen und Belastbarkeiten verändern. Dies gilt es ebenfalls zu reflektieren und in die Planung miteinzubeziehen. Die Studierenden sind hierfür auf eine gute Beratung hinsichtlich einer individuellen Studienverlaufsplanung, die sowohl auf persönlicher als auch fachlicher Ebene ansetzt, angewiesen.

Da Studienunterbrechungen häufig ungeplant erfolgen, stellen nicht vollständig abgeschlossene Module oftmals eine Herausforderung dar. Die Studienzeitverzögerung kann so stark sein, dass die Studierenden in eine neue Prüfungsordnung wechseln. Hier muss die Frage geklärt werden, ob alle bisher erbrachten Leistungen anerkannt werden können. Viele Studierende haben Schwierigkeiten, nach einer längeren Studienunterbrechung wieder in das Studium einzusteigen. Ein langsamer, geplanter und von Reflektionsgesprächen begleiteter Wiedereinstieg, wie er im Berufsleben im Zusammenhang des betrieblichen Wiedereingliederungsmanagements möglich ist, ist in der Regel im Studium nicht vorgesehen. Zudem erschwert der Verlust der vertrauten Lern- und Bezugsgruppe den Wiedereinstieg.

2.3 Studienfinanzierung

Studienzeitverzögerungen und Studienunterbrechungen können sich erheblich auf die Studienfinanzierung auswirken, unter anderem durch die Überschreitung der Regelstudienzeit in Hinblick auf die Finanzierung durch BAföG oder ein bereits bestehendes Stipendium. Die Studienfinanzierung bei Studienunterbrechungen ist sehr komplex und für die Studierenden nur schwer zu überblicken. Übersteigt die Studienunterbrechung drei Monate, entfällt beispielsweise die Finanzierung durch BAföG. Die Dauer der behinderungsbedingten oder krankheitsbedingten Studienunterbrechung ist dann ausschlaggebend dafür, welche Sozialleistungen in Anspruch genommen werden können. Ein strukturierter Überblick über Finanzierungsmöglichkeiten in Form eines Leitfadens zur Studienfinanzierung sowie die Thematisierung in der Einzelberatung unterstützen Studierende bei der Studienfinanzierung.

3 Maßnahmen zur Unterstützung der Studierenden

Die zahlreichen Herausforderungen, die sich für Studierende mit beeinträchtigungsbedingten Studienzeitverzögerungen und -unterbrechungen stellen können, bedingen, dass Unterstützungsangebote sowohl auf der Ebene der individuellen Studiensituation der Studierenden mit Behinderungen als auch auf der Ebene des Systems Hochschule ansetzen müssen (siehe Bender, Bühner & Drolshagen in diesem Band). Nur durch die Berücksichtigung beider Ebenen, die eine Zusammenarbeit zwischen

Beratungsangeboten für Studierende mit Behinderungen und den Beratungsangeboten der Fakultäten und damit den Aufbau barrierefreier
Beratungsstrukturen an der Hochschule beinhaltet, kann gewährleistet
werden, dass Studierende sowohl auf persönlicher Ebene, in der Auseinandersetzung mit ihrer eigenen Beeinträchtigung und ihren Ressourcen, bei der sozialen Integration in die Hochschule als auch bei der
Planung und Reflektion eines individuell angepassten Studienverlaufs
bestmöglich unterstützt werden.

3.1 Aufbau spezifischer Angebote

3.1.1 Individuelle Einzelberatung bei DoBuS

Für Studierende mit beeinträchtigungsbedingten Studienzeitverzögerungen und -unterbrechungen stellt die Beratung für Studierende mit
Behinderungen an der Hochschule häufig die erste Anlaufstelle dar und
ist damit die Stelle, an der alle relevanten Informationen für die Studierenden gebündelt vorliegen. Zunächst berichten die Studierenden in
der Beratung von ihrer Situation, erzählen wie lange die Studienunterbrechung schon anhält oder voraussichtlich dauern wird, wie sich die
Studienzeitverzögerung äußert und welche beeinträchtigungsbedingten
Gründe dahinter liegen. Basierend auf den von den Studierenden geschilderten Herausforderungen und Schwierigkeiten werden eine Vielzahl an Themen gemeinsam besprochen.

Der Aspekt der Studienfinanzierung wird frühzeitig in den Blick genommen, um beispielsweise eine Verlängerung der BAföG-Zahlungen
über die Förderungshöchstdauer hinaus zu beantragen (DSW, 2023b)
oder für bereits bestehende Stipendien einen Antrag auf Nachteilsausgleich zur Förderung über die Förderungshöchstdauer hinaus zu stellen (DSW, 2023a). In Bezug auf die Benachteiligungen, die durch die
Behinderung im Studium entstehen, erfolgt eine Beratung hinsichtlich
der Beantragung möglicher Nachteilsausgleiche und anderer Unterstützungsmöglichkeiten, wie beispielsweise einer Studienassistenz oder assistiver Technologie.

Bei einer längeren Studienunterbrechung wird zunächst erörtert, ob
eine offizielle Beurlaubung vom Studium sinnvoll ist und an die ent-

sprechend zuständigen Personen in der Hochschule verwiesen. Im Hinblick auf die Rückkehr in das Studium ist für die Studierenden häufig eine stufenweise Wiedereingliederung von Vorteil. Oftmals ist noch eine Restsymptomatik vorhanden, die Belastbarkeit herabgesetzt und die Prognose über den weiteren Krankheitsverlauf kann unklar sein. Das Ziel ist es daher, die aktuelle Belastbarkeit in Bezug auf studienbezogene Anforderungen zu erproben und die eigene Leistungsfähigkeit realistisch einschätzen zu können (Gattermann-Kasper & Rieth, 2010). Hierfür wird, genau wie bei Studienzeitverzögerungen, ein individueller Studienverlaufsplan erstellt, der dann nach dem Semester reflektiert und angepasst wird. Für den Part der fachlichen Planung werden die Studierenden an die entsprechenden Beratungsangebote der Fakultäten verwiesen. Im Fall der TU Dortmund sind das in der Regel die Studienfachberatungen, in wenigen Fakultäten übernehmen Mentoringprogramme oder auch die Studienkoordinationen diese Aufgabe. Ziel ist es, den individuell geplanten Studienverlauf möglichst optimal an die Ressourcen und die Bedürfnisse der Studierenden anzupassen. Hierfür hat es sich als zielführend erwiesen, in Vorbereitung auf die Gespräche, die auf Wunsch der Studierenden auch durch DoBuS begleitet werden können, in der Einzelberatung mit den Studierenden eine Reflektion der eigenen Ressourcen durchzuführen. Fragen, die hier im Fokus stehen, sind unter anderem: Wie sieht mein aktuelles Leistungspensum aus? Wie viele Stunden kann ich am Tag arbeiten? Wie viele Tage die Woche sind für mich realistisch? Gibt es Tageszeiten, an denen ich beeinträchtigungsbedingt nicht einsatzfähig bin und Tageszeiten, die besonders geeignet sind? Wie viele Klausuren kann ich pro Semester schreiben? Durch diese Vorbereitung können die Studierenden in den Gesprächen mit den Beratungsangeboten in den Fakultäten gut darlegen, welche Bedarfe sie haben und der Studienverlauf kann daran angelehnt geplant werden.

Oftmals sind auch der Umgang mit der eigenen Beeinträchtigung sowie die Kommunikation mit den Kommiliton*innen und Lehrenden wichtige Themen in der Einzelberatung. Die Frage, ob und wenn ja, wie über die eigene Beeinträchtigung gesprochen wird, beschäftigt viele Studierende. Hier hat sich auch der Austausch mit anderen Studierenden, zum Beispiel in einem Gruppenangebot als besonders hilfreich für die Studierenden erwiesen. Die Studierenden können die Einzelberatung regelmäßig während ihres gesamten Studiums nutzen und auch darüber hinaus in der Studienabschlussphase begleitet werden.

3.1.2 Gruppenangebot für Studierende

Für Studierende, die bedingt durch eine Studienunterbrechung den Anschluss an ihre Lern- und Bezugsgruppe im Studium verloren haben und somit von früheren sozialen Kontakten abgeschnitten sind, stellt das Gruppenangebot für Studierende mit einer beeinträchtigungsbedingten Studienunterbrechung eine gute Möglichkeit dar, wieder erste Kontakte an der Hochschule zu knüpfen. Es können sich lebensweltlich bezogene Beziehungen bilden. Da sich das Angebot an alle Studierende richtet, die auf Grund einer Behinderung eine Studienunterbrechung hatten und aktuell einen Wiedereinstieg in das Studium planen oder sich bereits mitten im Wiedereinstieg befinden und die Gruppe somit zum einen beeinträchtigungsübergreifend konzipiert ist und zum anderen Studierende ganz verschiedener Studiengänge und verschiedener Fachsemester teilnehmen, stellt sie in der Regel keinen Ort dar, an dem studienbezogene Beziehungen wie Lerngruppen gefunden werden können. Diese Beziehungen müssen sich innerhalb der Fakultät aufbauen.

Die Treffen finden einmal in der Woche mit einer Zeitdauer von 1,5 Stunden statt. Die Gruppe wird hybrid durchgeführt, um auch Teilnehmenden, die während der Studienunterbrechung am Ende ihres Studiums weggezogen sind, eine Teilnahme zu ermöglichen. Durch eine gute technische Umsetzung mithilfe einer sehr guten Kamera und einer guten Tonübertragung wird dies von allen Teilnehmenden positiv bewertet.

Ziel des Angebots ist es, dass sich die Studierenden gegenseitig beim Wiedereinstieg in das Studium unterstützen, bestärken und ermutigen. Sie tauschen Strategien untereinander aus und im Sinne des Empowerments zur individuellen Weiterentwicklung wird die Herstellung von Peerkontakten gefördert (zum Empowerment der Studierenden durch Gruppen siehe Schmidt in diesem Band).

Zu Beginn jedes Treffens berichten alle Teilnehmenden wie es ihnen geht, wie ihre Woche verlaufen ist und wie der aktuelle Stand in Bezug auf den Wiedereinstieg in das Studium aussieht. Themen, die die

Studierenden für den gemeinsamen Austausch einbringen, sind unter anderem die individuelle Planung des Studienverlaufs, der Umgang mit Stress, das Besuchen von Seminaren und Vorlesungen, die Frage, ob und wenn ja, wie mit Lehrenden und Kommiliton*innen über die eigene Beeinträchtigung gesprochen wird, die Zusammenarbeit mit anderen Studierenden, Herausforderungen in zwischenmenschlichen Beziehungen, die Suche nach einem Therapieplatz und Erfahrungsaustausche über Klinikaufenthalte.

Aus Sicht der Teilnehmenden unterstützt und ermutigt sie der offene und ehrliche Austausch mit anderen Personen, die sich in einer ähnlichen Situation befinden, ihr Studium fortzusetzen. Sie haben eine erste feste Anlaufstelle an der Hochschule und wieder eine feste Bezugsgruppe, was als positiv erlebt wird.

3.1.3 Leitfäden zur Studienfinanzierung bei Studienunterbrechungen

Im Rahmen des Projekts wurde ein ausführlicher Leitfaden zur Studienfinanzierung bei Studienunterbrechungen erarbeitet, der nun allen Mitarbeitenden zur Verfügung steht und bei Bedarf an die Studierenden weitergegeben werden kann. Er enthält grundlegende Informationen und bietet einen ersten Orientierungsrahmen. Im Leitfaden wird auf die entsprechend zuständigen Stellen und Kostenträger verwiesen. Auch sind viele wichtige Informationsseiten verlinkt. Der Leitfaden wird regelmäßig aktualisiert und ist barrierefrei gestaltet.

3.2 Weiterentwicklung von Beratungsstrukturen

Die Bedarfe der Studierenden mit beeinträchtigungsbedingten Studienzeitverzögerungen und -unterbrechungen zeigen auf, dass die betroffenen Personen auf barrierefreie Beratungsstrukturen an der Hochschule angewiesen sind. Es ist daher wichtig, dass die entsprechenden Stellen für die Bedarfe und die Situation von Studierenden mit Behinderungen sensibilisiert sind und die Studierenden optimal unterstützen können.

Walker (2016) betont, dass es sehr wichtig ist, dass in den Fakultäten und der Verwaltung mehr Bewusstsein für Studierende mit Behinderungen vorhanden ist. Den Studierenden kann so mehr Unterstützung bereitgestellt werden und es erhöht die Wahrscheinlichkeit, dass die Studierenden bleiben und ihr Studium erfolgreicher absolvieren. Lechtenberger, Barnard-Brak, Sokolosky und McCrary (2012) fassen zusammen, dass Studierende mit Behinderungen immer wieder das Gefühl haben, dass Lehrende und die Verwaltung nicht wissen, wie sie mit ihren Bedürfnissen umgehen können. Sie betonen, dass es jedoch genau diese Personen sind, die direkt mit den Studierenden interagieren und so zum einen sehr großen Einfluss auf den Erfolg der Studierenden haben zum anderen aber auch eine Barriere für diese darstellen können (Becker & Palladino, 2016). Haben Studierende das Gefühl, dass ihre Bedürfnisse nicht wahrgenommen werden, kann dies dazu führen, dass sie sich eingeschüchtert und zurückgewiesen fühlen (Gibbons, Cihak, Mynatt & Wilhoit, 2015). Im Hinblick auf die soziale Integration zeigt Wielepp (2013) einige weitere Aspekte auf, die diese beeinflussen und durch die Hochschule unterstützt werden können. Sie verweist hier auf die Bedeutung des Aufbaus einer Fachidentität, der Kenntnis über Unterstützungs- und Beratungsangebote und der Mitarbeit in Lerngruppen.

Im Rahmen des DoBuS-Projekts ist durch persönliche Gespräche in kleinen Gruppen eine gute und nachhaltige Zusammenarbeit zwischen DoBuS sowie den Studienfachberatungen und Studienkoordinationen der einzelnen Fakultäten etabliert worden. In der Studienfachberatung arbeiten Lehrende, die sich sehr gut mit der jeweiligen Studienordnung, der Prüfungsordnung, den Möglichkeiten des Studiums und oftmals auch mit der Arbeitsmarktsituation auskennen. Die Studienkoordination stellt eine qualifizierte Koordination zwischen allen in der Lehre beteiligten Stellen sicher. Sie wirkt bei der Betreuung sowie Beratung der Studierenden mit. Zu den Aufgabenbereichen gehören unter anderem die Koordination und Erarbeitung von Betreuungs- und Beratungsangeboten für Studierende und Studieninteressierte. Sie sind damit die passenden Ansprechpersonen hinsichtlich der fachlichen individuellen Studienverlaufsplanung, haben einen guten Überblick über Möglichkeiten der sozialen Integration innerhalb ihrer Fakultät und wissen über auslaufende Studienordnungen und damit einhergehende Übergangsfristen und Konsequenzen Bescheid.

Im Projektverlauf hat sich gezeigt, dass die Beratungsangebote von DoBuS und den Studienfachberatungen / Studienkoordinationen immer wieder an ihre fachlichen Grenzen stoßen, da behinderungsbezogene und studienfachbezogene Fragen oft eng miteinander verwoben sind. In den Gesprächen wurde daher thematisiert, wie, allgemein und im Einzelfall, die Beratungsangebote so aufeinander abgestimmt werden können, dass auch Studierende mit einer behinderungsbedingten Studienzeitverzögerung bzw. Studienunterbrechung ihr Studium erfolgreich absolvieren können. Die Gespräche in kleinen Gruppen bildeten einen sicheren Rahmen, in dem die Teilnehmenden viele Rückfragen zum Thema Behinderung und Studium stellen und von eigenen Erfahrungen berichten konnten. Die zeitliche Dauer der Treffen lag bei rund 60 Minuten. Im Projekt zeigte sich, dass Online-Treffen den Studienfachberatungen und -koordinationen sehr entgegenkommen, da durch die wegfallende Wegstrecke zeitliche Ressourcen gespart werden. Im Anschluss an die Gespräche wurde den Teilnehmenden eine Zusammenfassung der Inhalte zur Verfügung gestellt.

Inhaltlich lagen den Gesprächen vier Ziele zu Grunde:

Ziel 1: Die Studienfachberatungen und Studienkoordinationen sind für die Situation von Studierenden mit Behinderungen und dafür, dass Beeinträchtigungen ursächlich für Studienzeitverzögerungen und -unterbrechungen sein können, sensibilisiert.

Thematische Schwerpunkte der Gespräche waren die Situation von Studierenden mit beeinträchtigungsbedingten Studienzeitverzögerungen und -unterbrechungen sowie die Herausforderungen und Schwierigkeiten im Studium. Die Inhalte der Gespräche waren identisch zu den Inhalten der Kapitel 1 und 2 dieses Beitrags

Ziel 2: Die Studienfachberatungen und Studienkoordinationen sind über die Unterstützungsmöglichkeiten für Studierende mit Behinderungen und chronischen Erkrankungen informiert und geben diese Informationen sensibel weiter.

Die Arbeitsbereiche von DoBuS, die verschiedenen Unterstützungsangebote und das Thema Nachteilsausgleiche wurden vorgestellt. Sprechen Studierende mit nicht sichtbaren Beeinträchtigungen in der Studienfachberatung und -koordination ihre Beeinträchtigung als Ursache
für die Studienzeitverzögerung oder Studienunterbrechung nicht an, ist
diese für die Berater*innen häufig nicht erkennbar. Es ist dennoch wichtig, die Studierenden auf mögliche Unterstützungsangebote hinzuwei-
sen, damit sie über diese informiert sind und sie gegebenenfalls in Anspruch nehmen können. Da viele Unsicherheiten existieren, wie das Hinweisen auf Unterstützungsangebote auf eine sensible Art und Weise und
ohne, dass die Studierenden das Gefühl erhalten, „in eine Schublade
gesteckt zu werden", durchgeführt werden kann, wurde dies ausführlich
thematisiert. Es empfiehlt sich, ausgehend von dem Beratungsanliegen
der Studierenden, neutral von Unterstützungsangeboten zu berichten.
Es sollte hierbei offen kommuniziert werden, dass kein Wissen darüber
vorliegt, ob die Angebote für die Studierenden passend sind, sondern
alle relevanten Anlaufstellen genannt werden. In Bezug auf Studienunterbrechungen und Studienzeitverzögerungen können das, neben der
Beratungsstelle für Studierende mit Behinderungen, auch beispielsweise der Familien Service, eine psychologische Beratungsstelle oder
eine Beratung hinsichtlich der Studienfinanzierung sein.

*Ziel 3: Eine Zusammenarbeit hinsichtlich der individuellen Studien-
verlaufsplanung ist etabliert.*

In den Gesprächen ergab sich, dass alle Studienfachberatungen und
Studienkoordinationen gerne bei der Erstellung individueller Studien-
verlaufspläne, sowohl bei Studienzeitverzögerungen als auch beim Wiedereinstieg nach einer Studienunterbrechung, unterstützen. Die Idee
der Zusammenarbeit im Hinblick darauf, dass die Studierenden vor der
fachlichen Planung eine individuelle Reflektion hinsichtlich der eigenen Ressourcen und Bedarfe mit Unterstützung der Beratungsstelle für
Studierende mit Behinderungen vornehmen, wurde als sehr positiv gewertet. Bei der anschließenden fachlichen Planung wird versucht, diese
Bedarfe möglichst vollständig zu berücksichtigen. Es wird in den Blick
genommen, dass sich die Lehreinheiten sinnvoll ergänzen, in der rich-
tigen Reihenfolge belegt werden, auslaufende Prüfungsordnungen und

daraus resultierende Konsequenzen mit einbezogen und auch alle weiteren prüfungsrechtlichen Vorgaben eingehalten werden. Da im Lehramt bis zu fünf Studienfachberatungen für eine Person zuständig sind,
können die Gespräche auf Wunsch der Studierenden bei Bedarf gemeinsam stattfinden. Den Studierenden wird die Möglichkeit angeboten am
Ende des Semesters sowohl auf fachlicher als auch auf persönlicher
Ebene zu reflektieren, wie das Semester gelaufen ist und inwieweit der
individuelle Studienverlauf angepasst werden sollte.

Ziel 4: Die Studienfachberatungen und Studienkoordinationen sind
für die Möglichkeiten der sozialen Integration innerhalb ihrer Fakul-
tät sensibilisiert.

Studienbezogene Beziehungen müssen sich innerhalb der Fakultät aufbauen. In den Gesprächen wurde die Bedeutung der sozialen Integration
thematisiert und die Herausforderungen für Studierende mit beeinträchtigungsbedingten Studienzeitverzögerungen und -unterbrechun-
gen besprochen. Gemeinsam wurde ermittelt, welche Möglichkeiten der
sozialen Integration innerhalb der Fakultät vorhanden sind. Durch die
Sensibilisierung hierfür können die Berater*innen die Studierenden auf
diese Möglichkeiten hinweisen. Die Teilnehmenden nannten vielfach
studentische Arbeitsräume, Projekte innerhalb von Lehrveranstaltungen, Tutorien, Übungsgruppen, die Arbeit der Fachschaften, fachliche
Help Desks, Gruppen in Messenger Apps und Social Media Plattformen
wie Facebook sowie Mentoring Programme als Möglichkeiten der sozialen Integration.

4 Ausblick

Auch wenn die Themen Studienzeitverzögerungen und Studienunterbrechungen selbstverständlich immer schon Gegenstand in der regulären Einzelberatung für Studierende mit Behinderungen und chronischen Erkrankungen waren und sind, war ein mit zusätzlichen Ressourcen ausgestattetes Projekt notwendig, um die umfangreichen Unterstützungsmaßnahmen zu entwickeln und erstmalig durchzuführen. So
benötigten allein die insgesamt rund 30 Gespräche mit allen Studi-

enfachberatungen und -koordinationen inklusive intensiver Vor- und Nacharbeit einen erheblichen Zeitumfang, der nicht innerhalb der bisherigen Arbeitsstunden der Beratungsstelle hätte umgesetzt werden können. Auf der Grundlage, dass die Zusammenarbeit mit den Fakultäten jetzt etabliert ist, alle Gespräche und die Ergebnisse dokumentiert sind, das Gruppenangebot konzipiert ist und Leitfäden für die Einzelberatung und die Studienfinanzierung zur Verfügung stehen, kann die Beratung der Studierenden mit Studienzeitverzögerungen und -unterbrechungen nun innerhalb der Beratungsstelle ohne eine extra Stelle weiterhin umgesetzt werden. Das Projekt ist also in das bestehende Angebot inkludiert und damit verstetigt. Die Studienkoordinationen und Studienfachberatungen informieren DoBuS über einen Personalwechsel, zudem wird halbjährlich die offizielle Liste der Studienfachberater*innen und Studienkoordinator*innen mit den Personen abgeglichen, mit denen Gespräche stattfanden. Für alle neuen Mitarbeitenden wird zwei Mal im Jahr eine Informationsveranstaltung angeboten, die inhaltlich identisch zu den Gesprächen im Projekt aufgebaut ist. So kann gewährleistet werden, dass die Zusammenarbeit auch in Zukunft weiterhin bestehen bleibt.

Literatur

Becker, S. & Palladino, J. (2016). Assessing faculty perspectives about teaching and working with students with disabilities. *Journal of Post-secondary Education & Disability, 29*(1), 65–82.

Deutsches Studentenwerk (DSW). (Hrsg.). (2013). Handbuch: Studium und Behinderung. Informationen für Studieninteressierte und Studierende mit Behinderungen und chronischen Krankheiten. Verfügbar unter: https://www.studierendenwerke.de/fileadmin/api/files/37_handbuch_studium_und_behinderung_7_auflage.pdf

Deutsches Studentenwerk (DSW). (Hrsg.). (2023a). *Nachteilsausgleiche bei Begabtenförderung.* Verfügbar unter: https://www.studentenwerke.de/de/content/nachteilsausgleiche-bei-der-begabtenf%C3%B6rderung

Deutsches Studentenwerk (DSW). (Hrsg.). (2023b). *Verlängerung der BAföG-Förderung.* Verfügbar unter: https://www.studentenwerke.de/de/content/verl%C3%A4ngerung-der-baf%C3%B6g-f%C3%B6rderung

Ebert, J. (2012). Erwerb eines professionellen Habitus im Studium der Sozialen Arbeit. Hildesheim: Olms.

Gattermann-Kasper, M. & Rath, A. (2010). Wiedereingliederung in das Studium nach Krankheitsphase – Entwicklung eines „Hamburger Modells" für Studierende. In Deutsches Studentenwerk (DSW) (Hrsg.), *1 Jahr HRK-Empfehlung „Eine Hochschule für Alle" – 1 Jahr UN-Behindertenrechtskonvention: Impulse für die barrierefreie Hochschule. Fachtagung der Informations- und Beratungsstelle Studium und Behinderung (IBS) des Deutschen Studentenwerks (DSW) am 6./7. Mai 2010 in Berlin.* Verfügbar unter: https://www.studierendenwerke.de/themen/studieren-mit-behinderung/online-bibliothek/veranstaltungsrueckblicke#c4786

Gibbons, M. M., Cihak, D. D., Mynatt, B. B. & Wilhoit, B. B. (2015). Faculty and student attitudes toward post-secondary education for students with intellectual disabilities and autism. *Journal of Post-secondary Education & Disability, 28*(2), 149–162.

Gruber, T., Fuß, S., Roediger, V. & Gläser-Zikuda, M. (2010). Examining student satisfaction with higher education services Using a new measurement tool. *International Journal of Public Sector Management, 23*(2), 105–123. https://doi.org/10.1108/09513551011022474

Hauch, G., Horwath, I., Kronberger, N. & Wörtl, I. (2007). *Das Technikstudium aus der Sicht von Frauen und Männern. TEquality –Technik.Gender.Equality.* Verfügbar unter: https://www.fam2tec.de/html/img/pool/Technikstudium_M_nner_Frauen.pdf

Heublein, U., Ebert, J., Hutzsch, C., Isleib, S., König, R., Richter, J. & Woisch, A. (2017). Zwischen Studienerwartungen und Studienwirklichkeit. Ursachen des Studienabbruchs, beruflicher Verbleib der Studienabbrecherinnen und Studienabbrecher und Entwicklung der Studienabbruchquote an deutschen Hochschulen. Hannover: DZHW.

Heublein, U., Hutzsch, C., Schreiber, J., Sommer, D. & Besuch, G. (2009). Ursachen des Studienabbruchs in Bachelor- und in herkömmlichen Studiengängen. Ergebnisse einer bundesweiten Befragung von Exmatrikulierten des Studienjahres 2007/08. Hannover: HIS.

Kita, Z. (2016). *Ein steiniger Weg.* Dissertation, Universität Basel.

Klein, D. (2019). Das Zusammenspiel zwischen akademischer und sozialer Integration bei der Erklärung von Studienabbruchintentionen. Eine empirische Anwendung von Tintos Integrationsmodell im deutschen Kontext. *Zeitschrift für Erziehungswissenschaft, 22*(2), 301–323. https://doi.org/10.1007/s11618-018-0852-9

Kolland, F. (2002). Studienabbruch: Zwischen Kontinuität und Krise. Eine empirische Untersuchung an Österreichs Universitäten. Wien: Braumüller.

Lechtenberger, D., Barnard-Brak, L., Sokolosky, S. & McCrary, D. (2012). Using wraparound to support students with developmental disabilities in higher education. *College Student Journal, 46*(4), 856–866.

Middendorff, E., Apolinarski, B., Becker, K., Bornkessel, P., Brandt, T., Heißenberg, S. & Poskowsky, J. (2017). Die wirtschaftliche und soziale Lage der Studierenden in Deutschland 2016. 21. Sozialerhebung des Deutschen Studentenwerks durchgeführt vom Deutschen Zentrum für Hochschul- und Wissenschaftsforschung. Verfügbar unter: http://doku.iab.de/externe/2017/k170720r09.pdf

Petzold-Rudolph, K. (2017). Studienerfolg und Hochschulbindung. Die akademische und soziale Integration Lehramtsstudierender in die Universität. Wiesbaden: Springer. https://doi.org/10.1007/978-3-658-22061-7

Poskowsky, J., Heißenberg, S., Zaussinger, S. & Brenner, J. (2018). beeinträchtigt studieren – best2. Datenerhebung zur Situation Studierender mit Behinderungen und chronischer Krankheit 2016/17. Hannover, Berlin, Wien: DZHW, DSW, IHS.

RuhrFutur. (Hrsg.) (2018). *Studierende im Ruhrgebiet.* Verfügbar unter: https://www.ruhrfutur.de/sites/default/files/2020-11/studierende_im_ruhrgebiet.pdf

Staar, H., Kania, H., Gurt, J. & Kunert, S. (2018). „Gekommen, um zu bleiben" – eine Analyse des Zusammenhangs zwischen personen- und kontextbezogenen Faktoren und Studienerfolg in Studiengängen der öffentlichen Verwaltung. *Gruppe. Interaktion. Organisation (GIO), 49,* 213–229. https://doi.org/10.1007/s11612-018-0420-z

Stemmer, P. (2017). Studieren mit Behinderung / Beeinträchtigung. Teil III: Qualitative Befragungen. Baden-Baden: Nomos. https://doi.org/10.5771/9783845284927

Walker, L. (2016). Impact of Academic Support Centers on Students with Disabilities in Postsecondary Institutions. *TLAR, 21*(1), 81–92.

Wielepp, F. (2013). Heterogenität. Herausforderung der Hochschulbildung im demografischen Wandel. In P. Pasternack (Hrsg.), *Jenseits der Metropolen. Hochschulen in demografisch herausgeforderten Regionen* (S. 363–387). Leipzig: Akademische Verlagsanstalt.

Selbstbestimmt Studieren mit Studienassistenz

Erfahrungen aus dem Projekt „Assistenz zum Kennenlernen"

Birgit Drolshagen

1 Einführung

Mit der Ratifizierung der UN-Behindertenrechtskonvention (VN, 2008) und der zeitnah verabschiedeten Selbstverpflichtung der Hochschulrektorenkonferenz (HRK, 2009) haben die Hochschulen die Aufgabe angenommen, mit der Schaffung barrierefreier Bedingungen und der Sicherstellung angemessener Vorkehrungen ein inklusives Hochschulsystem aufzubauen, das gleichberechtigte Teilhabe und somit ein selbstbestimmtes Studium ermöglicht. Inklusive Kontextbedingungen (WHO, 2005) an Hochschulen verhindern oder reduzieren, dass Barrieren im Studium entstehen. Sie heben jedoch beeinträchtigungsbedingte Bedarfe zur Teilhabe an Aktivitäten nicht gänzlich auf. Als Folge der Beeinträchtigung bleibt die Notwendigkeit der individuellen Kompensation (Drolshagen & Franz, 2019). Beispielsweise wird eine Studentin, die mit blindenspezifischen Arbeitstechniken arbeitet, auch dann die fehlende Übersicht über den Text kompensieren müssen, wenn dieser digitalisiert in guter Qualität vorliegt.

Zu den möglichen Kompensationsstrategien gehören das Selbermachen durch den Einsatz von Assistiver Technologie oder auch mit erhöhtem Zeit- und Energieaufwand, der Rückgriff auf Freunde oder Familienangehörige, die Nutzung von Dienstleistungsangeboten, der Einsatz von Persönlicher Assistenz u.Ä. Jede Strategie hat Vor- und Nachteile (Drolshagen & Rothenberg, 2009), sodass es nicht eine Strategie gibt, die für jede Person in jeder Situation die geeignete ist. Vielmehr ist es die individuelle Aufgabe von Studierenden mit Beeinträchtigungen, situationsbezogen zu entscheiden, welche Strategie in welcher Situa-

tion für sie die passende ist. Selbstbestimmtes Studieren bedeutet somit Wahlmöglichkeiten zwischen gleichwertigen Alternativen zu haben
(Drolshagen & Rothenberg, 1999). Dies setzt voraus, dass die Studierenden die verschiedenen Strategien kennen und diese möglichst auch
erprobt haben (Drolshagen, 2019), was bezogen auf Persönliche Assistenz bei Studienanfänger*innen häufig nicht der Fall ist. Während der
Schulzeit wird auf Hilfebedarf in der Regel mit dem Einsatz von Schul-
begleitung (Dworschak, 2010, S. 133 f) und nicht mit der Unterstützung
durch persönliche Assistenz reagiert.

Hier setzt das von DoBuS initiierte Projekt „Studienassistenz zum
Kennenlernen" an, das nachfolgend vorgestellt und im Hinblick auf
seine Orientierung an den Bedarfen der Teilnehmenden evaluiert wird.

2 Das Projekt: Assistenz zum Kennenlernen /
Konzeptionelle Überlegungen

Anlass für die Konzipierung des Projekts waren – entsprechend des
Dortmunder Arbeitsansatzes (Drolshagen, Klein, Rothenberg & Tillmann, 2002) – Schwierigkeiten oder Herausforderungen, von denen die
DoBuS-Mitarbeitenden in der Einzelberatung von Studierenden mit Behinderungen erfahren haben. In der Beratung zeigte sich, dass Studierende mit Hilfebedarf häufig über nur wenig geeignete Strategien verfügen, um beeinträchtigungsbedingte Bedarfe im Studium zu kompensieren. Viele von ihnen greifen ausschließlich auf die Strategie des Selbermachens zurück, was einen höheren Zeit- und Energieaufwand und /
oder die Reduzierung der Qualität ihrer Studienleistungen zur Folge haben kann (Drolshagen & Rothenberg, 2000 und 1999). Studienassistenz
als alternative Strategie einzusetzen wird erst dann ein Thema, wenn
der Studienerfolg gefährdet ist, weil bspw. das Lesepensum für eine
Abschlussarbeit nicht ohne personelle Unterstützung bewältigt werden
kann. Daher erfolgt die Umstellung auf Studienassistenz häufig unter
einem hohen zeitlichen und auch psychischen Druck.

Ziel des Projekts war es, Studierenden in einer frühen Phase ihres
Studiums in einem unterstützenden Setting die Gelegenheit zu geben,
die Strategie der Studienassistenz kennenzulernen, sich mit ihren Vor-

und Nachteilen gegenüber anderen Strategien auseinanderzusetzen, sie im Studienalltag zu erproben und ggf. als zusätzliche Strategie in das weitere Studium zu implementieren. Konzipiert war das Projekt als ein niederschwelliges, auf ein Jahr beschränktes Angebot. Insofern war das Projekt von vornherein als Katalysator in ein selbst organisiertes Studium und nicht als dauerhaftes Dienstleistungsangebot von DoBuS geplant. Für die kostenlose Teilnahme war lediglich eine formlose Anmeldung erforderlich. Zur Zielgruppe zählten alle Studierenden, die in der oder durch die Beratung von DoBuS für sich einen Bedarf an Studienassistenz erkannten.

2.1 Verständnis von Studienassistenz

Im Projekt wird Studienassistenz analog zur Arbeitsassistenz (LVR-Integrationsamt, 2020) als Hilfeleistung bei der Erledigung studienrelevanter Aufgaben verstanden. Arbeits- und Studienassistenz sind Formen der Persönlichen Assistenz, die von der Selbstbestimmt-Leben-Bewegung als Methode entwickelt wurde, die ein selbstbestimmtes Leben trotz Hilfebedarfs ermöglicht (Drolshagen & Rothenberg, 2001; Miles-Paul, 1992).

Persönliche Assistenz im Studium bzw. Studienassistenz ist dadurch gekennzeichnet, dass die Hilfeleistung auf Anweisung des oder der Studierenden mit Hilfebedarf erfolgt. Hilfeabhängige Studierende haben im Assistenzverhältnis die Rolle von Arbeitgebenden inne und bestimmen darüber, wer ihnen wann, wobei und wie hilft. Als Arbeitgebende bezahlen sie ihre Studienassistenz entsprechend der geleisteten Arbeit. Die Selbstbestimmt-Leben-Bewegung spricht von der Wahrnahme der Personal-, Anleitungs-, Organisations- und Finanzkompetenz als Voraussetzung für ein selbstbestimmtes Leben bzw. Studieren (Drolshagen & Rothenberg, 2001). Selbstbestimmt mit Studienassistenz zu studieren bedeutet somit, dass die inhaltliche und organisatorische Zuständigkeit für das Studium aufgrund der Wahrnahme der genannten Kompetenzen uneingeschränkt auf Seiten der Studierenden mit Beeinträchtigung liegt (Drolshagen & Rothenberg, 2002).

2.2 Projektbeschreibung

Drei DoBuS-Mitarbeiterinnen haben das Projekt mit einer wöchentlichen Arbeitszeit von durchschnittlich einer Stunde im Rahmen ihrer bestehenden Arbeitsverträge gemeinsam konzipiert und durchgeführt. Alle drei Mitarbeiterinnen waren behinderungserfahren, eine Mitarbeiterin hat selbst mit Assistenz studiert und setzt aktuell Arbeitsassistenz ein, was einen erfahrungsbasierten Austausch unter Peers ermöglichen sollte.

Das Projektangebot bestand aus drei sich ergänzenden Bausteinen. Kernstück war das Angebot der kostenlosen Studienassistenz. Für einen Zeitraum von zwei Semestern stand den Studierenden eine von DoBuS ausgewählte und finanzierte studentische Hilfskraft als Studienassistenz zur Verfügung, die im Vorfeld des Assistenzverhältnisses von einer DoBuS-Mitarbeiterin mit den Grundzügen des Konzepts der Studienassistenz vertraut gemacht wurde. Über den inhaltlichen und organisatorischen Einsatz der Assistenzkräfte konnten die assistenznehmenden Studierenden selbst entscheiden. Bedingung war, dass die Assistenzkraft nur studienrelevante Unterstützungsaufgaben leistete. Den wöchentlich benötigten Umfang an Assistenzstunden konnten die assistenznehmenden Studierenden im Rahmen der von DoBuS vorgegebenen maximalen Stundenzahl von fünf Stunden ebenfalls selbst bestimmen. Auf diese Weise konnten die Studierenden das Studieren mit Assistenz erproben, ohne für die Suche und Auswahl sowie für die Finanzierung der Assistenz bzw. für die Erschließung der Finanzierung beim Kostenträger zuständig zu sein. Beides hatten die Berater*innen von DoBuS im Vorfeld als Barrieren identifiziert, die den Einstieg in das Studium mit Studienassistenz erschweren.

Ein weiterer Projektbaustein war das Assistenz-Tutoriat. Hierbei handelte es sich um ein Gruppenangebot für die assistenznehmenden Studierenden in Form von zweistündigen Workshops, die verpflichtend besucht werden mussten. Ziel der Workshops war es, den Studierenden mit Behinderung die Möglichkeit zu geben, Merkmale von Studienassistenz theoretisch kennenzulernen und darauf aufbauend die eigenen Erfahrungen mit der Assistenzerprobung in der Gruppe von Peers zu reflektieren, Schwierigkeiten zu erkennen und gemeinsam Lösungen zu entwickeln. An den mehrmals im Semester stattfindenden Tutoriaten nahmen alle drei für das Projekt verantwortlichen DoBuS-Mitarbeiterinnen teil. Thematisch waren die Workshops an den vier Kompetenzen orientiert, die die Methode der persönlichen Assistenz kennzeichnen. Ausgehend von Merkmalen eines selbstbestimmten Lebens und Studiums trotz Hilfebedarfs reichte das Themenspektrum von Fragen der Suche und Auswahl geeigneter Studienassistenz über deren Anleitung, Qualitätskontrolle und zeitlicher wie örtlicher Organisation bis hin zur Finanzierung von Assistenz und deren Beantragung beim Kostenträger. Im Laufe des Projektes wurden sechs Workshops angeboten. Aus Gründen der Niederschwelligkeit erfolgte die Terminfindung orientiert an den Stundenplänen der Studierenden gemeinsam mit allen Teilnehmenden.

Um Themen und Fragen, die sich aus der Erprobung von Studienassistenz ergaben und für die die Gruppensituation nicht der geeignete Rahmen war, besprechen zu können, bestand für die assistenznehmenden Studierenden darüber hinaus das Angebot vertiefender Einzelberatungsgespräche mit den DoBuS-Berater*innen. Die Terminvereinbarung für diese Gespräche sollte bedarfsorientiert auf Initiative der projektbeteiligten Studierenden erfolgen.

Projektstart war das Wintersemester 2021/22. Teilgenommen haben vier Studierende mit Blindheit oder Sehbeeinträchtigung. Zwei Studierende waren im ersten Semester, die beiden anderen in höheren Bachelorsemestern. Die Studierenden schätzten ihren Assistenzbedarf im Vorfeld des Projekts auf wöchentlich drei bis fünf Stunden und erhielten das entsprechende Stundendeputat von DoBuS. Aufgabe der assistenznehmenden Studierenden war es, die tatsächlich genutzten Stunden zu dokumentieren, sodass der wirkliche Assistenzbedarf sichtbar und eine möglicherweise auftretende Differenz zwischen den im Projekt erhaltenen und den wirklich genutzten Stunden deutlich werden konnte. Dies sollte den Teilnehmenden den Freiraum geben, sich mit ihrem Assistenzbedarf auseinanderzusetzen, ohne Konsequenzen befürchten zu müssen.

Um zu erfahren, inwieweit das Projektangebot geeignet war, um die intendierten Ziele zu erreichen, setzten die DoBuS-Mitarbeiterinnen die Methode der Gruppendiskussion ein.

3 Das Untersuchungsdesign

Ziel der Erhebung war es zum einen, einen Einblick zu bekommen, inwieweit das bei der Projektkonzeption intendierte Ziel, die Studierenden für den Einsatz von Studienassistenz zu motivieren, erreicht wurde. Zum anderen galt es zu erfahren, wie zufrieden die Studierenden mit den im Projekt angebotenen Maßnahmen und Bausteinen waren. Als Methode wählten die DoBuS-Mitarbeiterinnen die Gruppendiskussion, da diese qualitative Forschungsmethode nach Lamnek (2010, S. 372) gut geeignet ist, um Informationen zu einem von den Diskussionsleitenden bestimmten Thema zu sammeln. Das Potenzial dieser Methode liegt in der gemeinsamen Diskussion, die Synergien freisetzt, die erst durch die verschiedenen Perspektiven der Diskutierenden hervorgerufen werden (Gail & Vetter, 2016, S. 5). Die Gruppendiskussion fand im Frühjahr 2022, d. h. in der Mitte des zweiten Projektsemesters statt. Zu diesem Zeitpunkt verfügten die Studierenden bereits über mehrmonatige Assistenzerfahrung. In den Tutoriaten hatten sie sich schon mit Fragen der Personal-, Anleitungs- und Organisationskompetenz auseinandergesetzt. Das Thema der Finanzierung von Studienassistenz stand noch aus. Teilgenommen haben alle vier projektbeteiligten Studierenden. Aufgrund der Corona-Pandemie fand die etwa 90minütige Diskussion per Zoom statt. Alle Teilnehmenden verfügten über umfangreiche Erfahrungen in der Bedienung dieses barrierefreien Konferenztools.

Entsprechend der Zielsetzung der Erhebung sollte die Gruppendiskussion Antworten auf folgende Fragen geben:

1. Erfahrungen mit und Bewertung des Projektangebots
   - Welche Erfahrungen haben die Studierenden mit Assistenzbedarf mit dem Projekt und dem Einsatz von Studienassistenz gemacht?
   - Wie bewerten diese Studierenden retrospektiv die Angebote des Projekts?
   - Was sollte im Fall der Wiederholung des Projekts zukünftig verändert werden?
2. Erfahrungen mit Studienassistenz und Motivation zu deren zukünftigem Einsatz
   - Wie denken die Projektteilnehmenden über den weiteren Einsatz von Studienassistenz über das Projektende hinaus?

- Haben sie durch das Projekt den prinzipiellen Wert von Studienassistenz für das Studium erkannt?
- Sind die Studierenden in Folge des Projekts motiviert, Studienassistenz einzusetzen?
- Was war schwierig beim Einsatz von Studienassistenz?
- Gibt es noch Hindernisse, die einem zukünftigen Einsatz von Studienassistenz entgegenstehen?

Als Erhebungsinstrument diente ein halbstandardisierter Interviewleit-
faden (Lamnek & Krell, 2016), der mit seinen offenen Fragen darauf
abzielte, den vorgesehenen Verlauf der Gruppendiskussion von der Er-
öffnung über den Einstieg und die Überleitung bis hin zum inhaltlichen
Kern der Befragung und dem Abschluss der Diskussion zu ermöglichen
(Lamnek, 2010, S. 378). Im Anschluss an die Gruppendiskussion wurde
ein schriftliches Transkript erstellt, dessen Aussagen in einem zweiten Schritt sprachlich weitgehend geglättet wurden, da die inhaltlich-
thematische Ebene im Vordergrund der Erhebung und Auswertung stand
(Mayring, 2016, S. 91). Die Auswertung orientierte sich an der Methode
der zusammenfassenden Inhaltsanalyse nach Mayring (2015). Hierbei
werden bestimmte Inhalte themengeleitet zusammengefasst. Die Kate-
gorienbildung erfolgte weitgehend induktiv aus dem Interviewmaterial.

4 Evaluationsergebnisse

4.1 Bedeutsame Erfahrungen im Projekt im Allgemeinen

Die eingangs gestellte Frage nach einer rückwirkenden Einschätzung
des Projekts und der gesammelten Erfahrungen zeigt drei Erfahrungs-
bereiche, die die Studierenden spontan nennen.

4.1.1 Unterstützende Gruppenkonstellation

Befragt nach einem ersten retrospektiven Blick auf das Projekt im Allgemeinen wird die besondere Bedeutung erkennbar, die die aus drei
DoBuS-Mitarbeiterinnen und vier Studierenden mit Assistenzbedarf bestehende Projektgruppe für die einzelnen Teilnehmenden hatte. Alle

vier Studierenden haben das Gruppensetting als unterstützende und beruhigende Ausgangsbasis erlebt, auf der sie Studienassistenz erproben konnten.

> B2: [...] Also ich fand auch diese Kombination aus Begleitung und tatsächlicher Assistenz sehr hilfreich, weil man ja immer so das Gefühl hatte, wenn Schwierigkeiten entstehen würden oder Fragen entstehen würden, hätte man auf jeden Fall eine Ansprechperson. Das wäre ja vermutlich durch DoBuS dann auch gewährleistet gewesen, wenn man jetzt einfach so eine Assistenz bei dem LWL beantragt hätte, aber so ist das in einem ganz anderen Rahmen und alle sind auch integriert und man hat eine viel größere Community und Ansprechpartner. Auch durch unsere WhatsApp Gruppe, die wir privat haben, da konnte man ja auch mal was auf dem kurzen Dienstweg quasi was klären, wenn was offengeblieben ist oder wie auch immer. [...] #00:03:55–9#

Auch für die inhaltliche Beschäftigung mit den von den DoBuS-Mitarbeiterinnen eingebrachten Themen und Aufgaben, die im Assistenzprozess anfallen, wird die Gruppe als Bereicherung angesehen. Beispielsweise betonen zwei Teilnehmende, dass Rückmeldungen der gesamten Gruppe für ihre Auseinandersetzung mit dem Assistenzprozess wichtig gewesen seien.

> B1: Also ich fand es am Anfang auch super, dass wir einiges besprochen hatten zum Thema Studienassistenz und wie man auch zum Beispiel ein Schreiben aufsetzt, wenn man dann selbstständig eine sucht, und, dass wir uns in der Gruppe an das Thema herangewagt haben und das auch in einzelnen Sitzungen immer weiter besprochen haben [...] #00:01:51-0#

4.1.2 Positive Assistenzerfahrung

Darüber hinaus hebt der Studierende, der bereits einige Semester ohne Assistenz studiert hat, gleich zu Beginn des Gruppeninterviews besonders die Vorteile hervor, die er durch den erstmaligen Einsatz von Studienassistenz erlebt hat. An späterer Stelle wird diese Erfahrung auch von anderen Teilnehmenden angesprochen (s.u.).

> B2: [...] Ja und grundsätzlich muss ich einfach sagen: Ich habe jetzt ja auch eine Zeit lang ohne Assistenz studiert und jetzt halt quasi ein volles

Semester mit Assistenz und man hat deutlich gemerkt, was man inhaltlich geschafft hat. Also, es war einfach eine super Ergänzung zum Umsetzungsdienst von DoBuS allgemein, weil man wirklich nochmal sagen
konnte: „Hier ich habe jetzt spontan noch einen Text gefunden" und der
war dann innerhalb von zwei, drei Tagen umgesetzt. [...] oder auch das
Besuchen der Bibliothek, dass man sagen konnte: „Komm wir gehen mal
kurz in die Bibliothek und schauen mal durch die Inhaltsverzeichnisse
durch, was kann man da so gebrauchen". Das ist eine deutliche Bereicherung gewesen für mich. #00:03:55–9#

4.1.3 Niederschwelliges Projektangebot

Als dritte, rückwirkend als wichtig erlebte Erfahrung wird der nieder-
schwellige Zugang zum Projekt hervorgehoben.

> B4: Ich [...] muss noch ergänzen, was ich super fand und finde auch noch
> nach wie vor in diesem Programm. Dass dieses Programm einfach auf
> kurze Wege aufbaut. Was meine ich damit? Also ich kann mich gut daran
> erinnern, ich war so quasi in letzter Sekunde im Assistenzprogramm drin
> und ich musste echt nicht viel machen dafür, also dass ich da drin war.
> Ich musste nur quasi, um es kurz zu fassen, ein Formular ausfüllen und
> das war's auch schon und das fand ich super! [...] wenn ich schon daran
> denke, dass ich in der Zukunft so eine Assistenz beantragen werde oder
> möchte – egal, ob Studium oder Job – wenn ich daran schon denke, dann
> vergeht mir schon die Lust an diesem ganzen Prozedere, weil ich kenne
> das schon ein bisschen. [...] #00:06:35-4#

4.2 Studienassistenz in der Praxis – Erfahrungen, Befürchtungen, Strategien

4.2.1 Im Projekt gesammelte Erfahrungen mit dem Einsatz von Studienassistenz

Alle vier Projektteilnehmenden haben die Strategie der Studienassistenz als eine geeignete Methode erlebt, die andere Strategien, mit denen sie im Studium arbeiten, ergänzt. Die beiden Teilnehmenden, die
bereits einige Semester ohne Assistenz studiert haben, reflektieren den
Assistenzeinsatz im Vergleich zu anderen Strategien. Sie betonen, dass
sie durch das Projekt den Wert von Assistenz schätzen gelernt haben.

Dies bezieht sich insbesondere auf ihren Status als Arbeitgebende in der Hilfesituation, der es ihnen ermöglicht, ihren Assistenzkräften auf Augenhöhe zu begegnen und notwendige Anforderungen an diese zu stellen.

> B3: [...] Ich sehe jetzt die Assistenz als eine Hilfestellung, die, ja wie sagt man das, die nicht auf Wohlwollen beruht. [...]. Wenn mir jetzt etwas nicht passt oder eine Umsetzung jetzt mal nicht so 100 Prozent ist, wie ich sie brauche, dann muss ich jetzt nicht sagen: „Jetzt habe ich aber Sorge, dass einer mir da böse ist oder trocken hinschmeißt" und sagt: „Ich mache es nicht mehr", sondern es ist dadurch, dass es bezahlt ist, irgendwie auf Augenhöhe und das verändert auch so das Miteinander. [...] Es gibt die Sicherheit und gibt mir halt auch die Position sagen zu können, ich kann jetzt anders agieren und ich würde jetzt mal behaupten, dass ich jetzt durch dieses Projekt und durch diese Assistenzarbeit selber auch selbstbewusster geworden bin und ich kann klarer benennen, was brauche ich, was muss ich haben und das ist unheimlich wertvoll! #00:47:57–9#

Vehement sprechen sich diese beiden Teilnehmenden gegen den Vorschlag eines Studierenden im ersten Semester aus, den im Studium anfallenden Hilfebedarf zusätzlich zur Assistenz durch unbezahlte Unterstützung von Mitstudierenden zu decken. Das ehrenamtliche Hilfeverhältnis birgt ihrer Erfahrung nach die Gefahr fehlender Zuverlässigkeit und versetzt die hilfabhängigen Studierenden in eine als sehr unangenehm erlebte „Bettelfunktion".

> B2: Ja, aber auf so einer freiwilligen Basis [...]. Da kommt immer von jemanden fünf Minuten vorher: „Ich kann doch nicht". Und dann bei solchen Sachen wie Umsetzungen, das fängt ja meistens auch an mit Fristen oder hängt an seinem eigenen Arbeitsplan und durch so ein Arbeitsverhältnis hat man ja schon so eine gewisse Durchsetzungsmacht. Da ist ja auch so eine gewisse Arbeitspflicht auch dahinter für die Assistenzkraft, dass sie nicht sagen kann: „Das ist hier für mich aber freiwilligen Engagement", oder so was [...] #00:42:57-1#

Einer der beiden Studierenden betrachtet darüber hinaus den Einsatz von Assistenz unter der Perspektive von Effizienz fürs Studium. Am Beispiel der sehgeschädigtengerechten Literaturumsetzung vergleicht er die individuelle persönliche Assistenz mit Dienstleistungsangeboten der Hochschule. Als Vorteile von Studienassistenz benennt er die Zeitersparnis bei der Umsetzung und die damit einhergehende erhöhte Kapazität für die Beschäftigung mit Inhalten.

> B2: Ich würde da den Unterschied von Effektivität und Effizienz nochmal reinbringen. Also Literaturrecherche kann man mit der Sprachausgabe ja auch selber. Man kann dann ja auch sagen, ich habe ein interessantes Buch gefunden. Ich schicke es dann dem SfBS [Service für Blinde und Sehbehinderte an der Universitätsbibliothek Dortmund]. Dann dauert das auch so zwei, drei Wochen und letztendlich ist das Ergebnis das gleiche. Ich habe effektiv das Buch vorliegen nach drei Wochen, so. Oder mit der Assistenz bin ich einfach effizienter, wenn ich sage, ich habe das Buch und dann ist die für mich da und dann habe ich das Buch nach zwei oder drei Tagen oder den Textausschnitt oder das Kapitel und dadurch schafft man einfach inhaltlich viel mehr. [...], aber durch die Assistenz möglicherweise effizienter und schneller. Das ist so meine Erfahrung [...] #00:26:51–2#

4.2.2 Einschätzung des Assistenzbedarfs vor Projektbeginn

Drei Studierende äußern sich dazu, dass es ihnen vor Projektbeginn schwergefallen ist, den benötigten Assistenzbedarf treffend einzuschätzen. Neben der Corona-Krise sehen sie insbesondere mangelnde Erfahrungswerte als Ursache für diese Schwierigkeit.

> B1: Also da ich im ersten Semester war, als ich in das Projekt reingekommen bin, hatte ich ja noch keine richtigen Erfahrungen, was in der Uni wirklich auf mich zu kommt. Deswegen konnte ich eigentlich nicht wissen, wie viel ich beantragen konnte oder sollte, und bevor ich dann zu wenig hatte, hatte ich lieber die vier Stunden. #00:37:01-8#

4.2.3 Sorgen und Befürchtungen bezogen auf die Beantragung von Assistenz

Trotz der oben beschriebenen positiven Erfahrungen mit Studienassistenz äußern drei Teilnehmende Bedenken, ob sie zukünftig Studienassistenz einsetzen werden. Ursache hierfür ist das Antragsverfahren im

Rahmen der Eingliederungshilfe, das sie als äußerst langwierig, zeitauf-
wändig und wenig erfolgversprechend erlebt oder beschrieben bekommen haben.

> B2: Genau und ich habe halt damals in meinem ersten Studium, was ich
> in x hatte, Assistenz beantragt gehabt. Die habe ich dann auch gekriegt,
> aber bis ich das durch hatte, hätte ich mir das auch selber zurechtbie-
> gen können. Was da an Zeit draufgegangen ist. Da muss man sich mit
> Argumenten rumschlagen wie: „In der Bibliothek sitzen doch Leute, die
> dir vorlesen können", „Fragen Sie mal den Pförtner". Da habe ich einfach
> keinen Bock mehr drauf. #00:52:32–4#

Eine weitere Befürchtung, die der Beantragung von Assistenz entgegen-
steht, ist die Sorge vor den vom Kostenträger geforderten Abrechnungs-
modalitäten. Den befürchteten Aufwand bestätigt auch die einzige Teil-
nehmerin, die bereits Assistenz beantragt und eine Bewilligung bekommen hat. Dennoch ermutigt sie ihre Kommiliton*innen aufgrund ihrer
positiven Assistenzerfahrungen, den Aufwand auf sich zu nehmen.

> B3: [...] Es ist verdammt viel, was man am Anfang machen muss, auch
> wenn man das mit dem Minijob, wenn man das bei mobile [Verein,
> der bei der Antragstellung unterstützt und die Abrechnung übernimmt]
> [...] laufen lassen kann. Ich glaube [...]: Der Anfang ist immer so das
> Schlimmste und dann kommt echt so ein Batzen, wo du dir denkst: „Boar,
> Alter. Ich will einfach nur mein Studium fertig machen oder weiter stu-
> dieren. Warum muss ich das jetzt auch noch zusätzlich machen – mit den
> ganzen Unterlagen und Krimskrams und was man da nicht alles noch
> beachten muss und Dies und Das". Ich hatte das jetzt gemacht und bin
> immer noch nicht fertig, aber ich kann jetzt schon sagen: Es lohnt sich!
> [...] so lange man [...] Ansprechpersonen hat, die wir jetzt hier haben
> oder dann auch entsprechend Kontakte weitergeleitet bekommt, die ei-
> nem helfen. [...] #00:57:34–5#

Der im Projekt erlebte schwankende Assistenzbedarf bereitet den Teilnehmenden ebenfalls große Sorge im Hinblick auf eine mögliche An-
tragstellung. Auch diesbezüglich werden Schwierigkeiten mit den Kostenträgern befürchtet.

> B1: Was halt meine Schwierigkeit wird, wenn ich mir eine Studienassis-
> tenz beantrage, sind diese Variationen in den Stunden und dann die

ganze Zeit [...] diese Angst im Nacken zu haben, wenn du die Stunden nicht vollkriegst, dann kriegste Stress. [...] #00:53:08-8#

4.2.4 Strategien zum Umgang mit Schwankungen im Assistenzbedarf

Alle vier Teilnehmenden berichten von der Erfahrung, dass ihr Assistenzbedarf in Abhängigkeit von der aktuellen Studienphase variiert. Breiten Raum nehmen Überlegungen ein, wie sie damit gut umgehen könnten. Zwei Studierende wünschen sich ein flexibles Modell in Form eines Guthabenkontos, auf dem die Differenz zwischen dem wöchentlich zur Verfügung stehenden Deputat an Assistenzstunden und den tatsächlich verbrauchten Stunden gutgeschrieben oder abgezogen wird. Ein Studierender schlägt vor, DoBuS solle einen Assistenzpool vorhalten, auf den Studierende mit Assistenzbedarf dann entsprechend des aktuellen Bedarfs zurückgreifen könnten. Zeitgleich sehen die Studierenden die Schwierigkeiten und Nachteile ihrer Vorschläge und erkennen, dass ihre Anregungen wenig Chance auf Umsetzung haben.

> B4: Ja, man könnte das ja dann mit der Assistenz vereinbaren. Zum Beispiel, dass man das dann offen bespricht und sagt: „Ja, ich habe jetzt nicht immer für dich in der Woche vier Stunden. Ich kann dir nicht immer Aufgaben vergeben, dass du dann in der Woche vier Stunden beschäftigt bist, aber dafür können wir das ja dann sparen und dann quasi in den nächsten Wochen dann mitnehmen." [...] #00:35:01-9#

> B2: Mir ist grade auch noch eine Idee gekommen, vielleicht so einen Assistenzpool zu machen. Dass der DoBuS sagt: „Wir stellen Assistenzkräfte ein" und jeder, der Bedarf hat zu dem Zeitpunkt, kann dann anfragen, dass man keine feste Assistenzkraft hat, sondern man auf so einen Pool zugreifen kann [...], was natürlich den Nachteil hat, dass man sich nicht mit einer Assistenz einarbeiten kann, [...]. Aber, wenn ich jetzt grade acht Stunden brauch grade, dann kriegt der auch seine acht Stunden aus dem Pool, weil der andere grade von seinen vier Stunden nur zwei braucht oder wie auch immer [...] #00:34:23–5#

Lediglich eine Befragte, die während des Projektes auf eigene Studienassistenz umgestiegen ist, versucht, die im Studium anfallende Arbeit so zu organisieren und zu strukturieren, dass Schwankungen beim

Assistenzbedarf weitestgehend reduziert oder durch To-Do-Listen mit Assistenzaufgaben, die langfristig erledigt werden sollen, abgefangen werden.

> B3: Also ich glaube, dass das viel auch Erfahrungswerte sind. Also [...] zum Beispiel jetzt gehe ich anders mit meinen Assistenzstunden um. [...] musste so ein Exzerpt schreiben und dann habe ich ein Exzerpt geschrieben, hab dem mehr oder weniger fertig gehabt und habe dann den einzelnen Exzerpten mit der Literatur genommen und habe den dann meiner Assistenz gegeben und habe dann weitergeschrieben. Also, dass man sich das quasi so einteilt und stückhaft macht. [...] #00:31:59-0#

4.2.5 Projektbezogene Vorschläge zum Umgang mit dem schwankenden Assistenzbedarf

Die DoBuS-Mitarbeiterinnen stellten zwei Vorschläge zur Diskussion, um zu erfahren, wie aus Sicht der Teilnehmenden in einem zweiten Projektdurchgang auf die erlebten Schwierigkeiten mit der Einschätzung des eigenen Assistenzbedarfs sowie auf Schwankungen im Assistenzbedarf reagiert werden sollte:

– Um eine erfahrungsbasierte Einschätzung des benötigten Bedarfs an Assistenzstunden zu ermöglichen, sollen zukünftig nur Studierende am Projekt teilnehmen, die bereits mindestens ein Semester studiert und somit die Anforderungen, mit denen sie im Studium konfrontiert werden, kennengelernt haben.
– Um die Differenz zwischen bereitgestellten und eingesetzten Assistenzstunden zu reduzieren und zu verhindern, dass ungenutzte Stunden verfallen, sollen allen Teilnehmenden zwei Assistenzstunden wöchentlich zur Verfügung gestellt werden. Reicht dies nicht aus, so können aus einem Stundenpool weitere Assistenzstunden abgerufen werden. Hierzu werden studentische Hilfskräfte bei DoBuS eingestellt, die zeitunkritische Aufgaben für DoBuS erledigen. Werden Assistenzstunden nachgefragt, ruht die DoBuS-Arbeit zugunsten der Assistenzarbeit.

Beide Teilnehmende, die sich zu diesem Thema geäußert haben, befürworten dieses Vorhaben.

B2: Genau [...], dass man sagt, die zwei Stunden sind ein Grundstock und wenn man merkt, das reicht jetzt wirklich nicht, dass man dann aufstocken kann. [...] #00:40:26-2#

B3: [...] die Idee gar nicht so schlecht zu sagen: Man macht das dann für Zweitsemester, die jetzt schon mal einen groben Einblick haben, weil die werden dann nachher in der Zeit oder Stundenangabe werden die besser zurecht kommen. [...] #01:04:08-3#

4.3 Bewertung des Projekts

4.3.1 Assistenzerfahrene DoBuS-Mitarbeitende

Zur Frage nach der Bedeutung, die die Assistenzerfahrung einer Do-BuS-Mitarbeiterin für die Auseinandersetzung mit der Thematik der Studienassistenz hatte, äußern sich drei Befragte. Alle erachten die Erfahrungen von Peers als unterstützend für den eigenen Entscheidungsprozess.

B3: [...], weil wir ja im Endeffekt von deinen Erfahrungswerten profitiert haben. #01:04:43–6#

4.3.2 Verbesserungspotenzial

Die Frage danach, was DoBuS im Falle der Wiederholung des Projekts anders bzw. besser machen sollte, wird von allen Teilnehmenden mit dem Tenor „alles so lassen" beantwortet. Jedoch werden unterschiedliche Angebote als besonders erhaltenswert benannt. Während zwei Studierende die in den einzelnen Workshops angebotenen Rollenspiele als unbedingt beizubehalten bewerten, erklärt jeweils eine Person die Workshops generell, die flexible und gemeinsame Terminplanung sowie das Angebot, die Assistenzkräfte bei Bedarf in der sehgeschädigtengerechten Textumsetzung zu schulen, als besonders positiv und erhaltenswert.

B2: Ich fand auch die Rollenspiele gut, ehrlich gesagt. Die würde ich auf jeden Fall beibehalten, finde ich wichtig. Man kann natürlich über Probleme sprechen, aber, wenn man sie dann mal so konkret durchspielt, wie das bei x der Fall gewesen ist, dass sie sich in der Situation, also in der künstlichen Situation trotzdem real unter Stress gefühlt hat. Ich glaub, das kann man in normalen Gesprächen, wenn man nicht so konfrontiert wird, gar nicht so simulieren und das hat sie ja dann so wach gemacht. [...] #01:05:39-4#

5 Diskussion der Ergebnisse und Konsequenzen für das Projekt

5.1 Erfahrungen mit und Bewertung des Projektangebots

Die Ergebnisse bestätigen die Projektkonzeption in vielen Bereichen. Die Studierenden haben sich intensiv mit der Methode der Studienassistenz auseinandergesetzt und deren Vor- und Nachteile in Theorie und Praxis kennengelernt. Besondere Bedeutung kommt dabei der Gruppenkonstellation aus behinderungserfahrenen Peers und assistenzerfahrenen Mitarbeitenden zu. Dies gilt sowohl für die inhaltliche Auseinandersetzung mit dem Thema der Studienassistenz als auch für deren praktische Erprobung und Reflexion. Für die weitere Projektentwicklung bedeutet dies, dass die Gruppenkonstellation so oder vergleichbar beibehalten werden sollte. Gleiches gilt für die inhaltliche Ausrichtung und didaktische Gestaltung der Workshops sowie für deren studierendenorientierte Terminorganisation. Auch der bewusst niederschwellig geplante Zugang zum Projekt wird als erhaltenswert erachtet.

Für die Qualität der Projektkonzeption und deren Umsetzung spricht ferner, dass niemand der Projektteilnehmenden Verbesserungsvorschläge oder Änderungsanregungen einbringt, obwohl diese in der Gruppendiskussion explizit erfragt und erbeten wurden. Vielmehr werden die von den DoBuS-Mitarbeiterinnen im Evaluationsgespräch vorgestellten Ideen, wie DoBuS in einem zweiten Projektdurchgang auf den schwankenden Bedarf an Assistenzstunden reagieren will, uneingeschränkt befürwortet. Dennoch darf nicht übersehen werden, dass auch das Ausbleiben von Anregungen und Themen einen Handlungsbedarf signalisieren kann. Das Angebot der Einzelberatung wird in der Gruppendiskussion trotz Nachfrage der Diskussionsleitung nicht zum Thema gemacht und während der gesamten Projektlaufzeit nicht nachgefragt.

Bei der Wiederholung des Projekts ist daher zu klären, ob das Angebot konzeptionell unnötig bzw. ungeeignet ist oder ob es als Backup für schwierige Situationen beibehalten werden soll.

5.2 Erfahrungen mit Studienassistenz und Motivation zu zukünftigem Einsatz

Auch wenn alle vier Projektteilnehmenden in der Strategie der Studienassistenz eine prinzipiell geeignete Methode für ihr Studium sehen, können lediglich die beiden Projektteilnehmenden, die vor Projektbeginn bereits ohne Studienassistenz studiert haben, die Vorteile der Arbeit mit Studienassistenz gegenüber den zuvor von ihnen eingesetzten Strategien des Selbermachens mittels assistiver Technologie oder des Rückgriffs auf Familienangehörige erkennen. Durch den Vergleich wird ihnen bewusst, dass ihnen Studienassistenz ein effizienteres Studieren ermöglicht und ihre Position im Hilfeverhältnis stärkt. Sie kennen die Vor- und Nachteile der unterschiedlichen Strategien und können im Sinne eines selbstbestimmten Studiums situationsbezogen entscheiden, welche Strategie die geeignete ist (Drolshagen, 2019). Den Studierenden, die gleich zu Studienbeginn ins Projekt eingestiegen sind, fehlen derartige Erfahrungen und somit auch Vergleichs- und Entscheidungsmöglichkeiten. Um die Voraussetzungen dafür zu schaffen, dass alle Projektteilnehmenden das Potenzial der verschiedenen Strategien kennenlernen und ggf. durch den Vergleich Vorteile von Studienassistenz erkennen können, und um sie dadurch stärker für den Einsatz von Studienassistenz zu motivieren, erscheint es als sinnvoll, den Projektstart zukünftig ins Sommersemester zu verlegen. Auf diese Weise wird sichergestellt, dass die Teilnehmenden zumindest im Wintersemester Erfahrungen damit gemacht haben, welche Anforderungen ein Studium mit sich bringt und wie es ist, ohne Studienassistenz zu studieren. Ebenfalls für die Verschiebung des Projektbeginns auf einen späteren Zeitpunkt im Studienverlauf spricht die Schwierigkeit insbesondere der Teilnehmenden ohne vorherige Studienerfahrung, ihren Assistenzbedarf zutreffend einzuschätzen.

Bezogen auf das vom Projekt intendierte Ziel, die Teilnehmenden zu befähigen, die Methode der Studienassistenz als weitere Methode

in ihr Studium zu implementieren, zeigt sich das Antrags- und Ab-
rechnungsverfahren mit den Kostenträgern als schwerwiegende Barriere. Alle Projektteilnehmenden berichten von Befürchtungen und sehen Hindernisse auf organisatorischem Gebiet, die bei drei von ihnen
trotz der im Projekt mit Studienassistenz gesammelten positiven Erfahrungen zum Interviewzeitpunkt einer Beantragung entgegenstehen. Sie
sprechen von der Besorgnis vor einem langwierigen und wenig erfolg-
versprechenden Antragsverfahren, der Sorge um komplizierte Abrech-
nungsmodalitäten sowie von der Befürchtung, den Anforderungen der
Kostenträger aufgrund des schwankenden Assistenzbedarfs nicht entsprechen zu können. Welcher Handlungsbedarf sich daraus auf Seiten
der Kostenträger ergibt, soll an dieser Stelle nicht diskutiert werden.

Auch wenn die Workshopeinheit zur Finanzierung von Studienassistenz zu diesem Zeitpunkt noch bevorstand, zeigen diese Aussagen, dass
es einer hohen Motivation bedarf, um den formalen Prozess der Beantragung und Abrechnung von Studienassistenz zu gehen. Fraglich ist,
ob allein der durch die Verschiebung des Projektstarts auf das Sommersemester ermöglichte Vergleich mit anderen Strategien ausreichend
Motivation zur Beantragung von Studienassistenz erzeugen kann. Im
Falle der Wiederholung des Projekts sollte daher darüber nachgedacht
werden, inwieweit die Motivation zur Beantragung von Studienassistenz
noch weiter erhöht und Befürchtungen und Sorgen von vornherein reduziert werden können. Zu Denken ist in diesem Zusammenhang an
studentische Peers, die als Expert*innen in eigener Sache nicht nur über
ihre positiven und vielfältigen Assistenzerfahrungen berichten, sondern
auch als Vorbilder bezüglich der Beantragung und Abrechnung von Studienassistenz fungieren und Befürchtungen nehmen können. Denkbar
ist auch, Erfahrungen aus dem Mentoring-Programm (siehe Franz in
diesem Band) auf den Austausch assistenzerfahrener und unerfahrener
Studierender zu übertragen. Geprüft werden sollte ferner, ob der Workshop zum Thema Finanzkompetenz bereits zu einem früheren Zeitpunkt
im Projekt angeboten werden sollte, um so zu verhindern, dass sich die
Sorge um die Antrags- und Abrechnungsformalia demotivierend auf die
Auseinandersetzung mit Studienassistenz auswirkt.

Bemerkenswert ist die breite Diskussion, die alle Teilnehmenden bezogen auf den von ihnen festgestellten schwankenden Assistenzbedarf

führen. Alle Studierenden haben sich Gedanken dazu gemacht, wie sie die Schwankungen sinnvoll auffangen und ihren Assistenzkräften eine gleichbleibende Arbeitszeit ermöglichen könnten. Da sie ihre Überlegungen als wenig realistisch einschätzen, wird deutlich, dass die in der Projektkonzeption vorgesehene Dokumentation der genutzten Assistenzstunden zwar hilfreich war, Schwankungen im Assistenzbedarf zu erkennen, und dass die Teilnehmenden auch den Freiraum hatten, die festgestellten Schwankungen kritisch zu reflektieren. Im Projekt nicht gelungen ist jedoch, gemeinsam effiziente Lösungen für diese Herausforderung zu entwickeln. Der Umgang mit Schwankungen im Assistenzbedarf sollte daher im Falle der Wiederholung des Projekts explizit zum Thema werden.

6 Fazit und Ausblick

Die mit dem Projekt verfolgten Ziele wurden weitgehend erreicht. Es ist gelungen, die Teilnehmenden in Theorie und Praxis mit der Methode der Studienassistenz vertraut zu machen. Sie haben diese als eine für ihr Studium gut geeignete Methode kennen und schätzen gelernt, die es ihnen ermöglicht, ihren Hilfebedarf im Studium zu decken. Deutlich geworden ist ferner, dass der Einstieg in die Methode der Studienassistenz der Unterstützung und Begleitung bedarf. Die im Projekt entwickelten Bausteine und eingesetzten Methoden wurden von den Teilnehmenden uneingeschränkt befürwortet. Demnach haben sich die dem Projekt zu Grunde liegenden konzeptionellen Überlegungen weitgehend bewehrt und sollten im Rahmen der gebotenen Fortführung dieses spezifischen Unterstützungsangebots beibehalten werden.

Dennoch lassen sich aus den Evaluationsergebnissen in einzelnen Bereichen auch Ideen zur Weiterentwicklung des Konzepts ableiten, die dann wiederum einer erneuten Evaluation bedürfen. Diese beziehen sich insbesondere auf das mit dem Projekt intendierte Ziel, dass die Teilnehmenden, die den Wert von Studienassistenz erkannt haben, diese auch als zusätzliche Strategie in ihr Studium implementieren und somit im Sinne eines selbstbestimmten Studiums ihr Repertoire an Wahlmöglichkeiten erhöhen. Dies ist zwei Monate nach Projektende nur in einem

Fall geschehen. Ein Teilnehmender denkt darüber nach, im anstehenden Masterstudium Studienassistenz einzusetzen und diese entsprechend zu beantragen. Für die beiden Teilnehmenden, die gleich zu Studienbeginn ins Projekt eingestiegen sind, überwiegen nach Projektende weiterhin die befürchteten Barrieren gegenüber dem erwarteten Nutzen.

Im Sommersemester 2023 wird daher das zweite Projekt „Studienassistenz zum Kennenlernen" starten. Die Evaluationsergebnisse sowie die hier diskutierten Anregungen und abgeleiteten Handlungsbedarfe werden in die Konzeption und Planung einbezogen. Von besonderem Interesse wird es sein, inwieweit es dadurch gelingt, dass mehr teilnehmende Studierende nach Abschluss des Projekts Studienassistenz in ihr Studium implementieren. Sollten die befürchteten Barrieren weiterhin den erwarteten Nutzen überwiegen, kann dies ein Anlass sein, um darüber nachzudenken, ob die Methode der selbstorganisierten Studienassistenz im Sinne Persönlicher Assistenz durch ein institutionalisiertes Assistenzangebot ergänzt werden sollte.

Literatur

Drolshagen, B. (2019). Für ein bedarfsgerechtes Angebot an barrierefreien Lehrmaterialien und Assistiver Technologie – Selbstbestimmte Wahlmöglichkeiten ermöglichen Autonomie von Schülerinnen und Schülern mit Sehbeeinträchtigungen. *blind-sehbehindert, 139*(2), 120–126.

Drolshagen, B. & Franz, A. (2019). Der Weg zu einer Hochschule für Alle am Beispiel der TU Dortmund. In P. Tolle, A. Plümmer, & A. Horbach (Hrsg.), *Hochschule als interdisziplinäres barrierefreies System* (S. 42–59). Kassel: University Press.

Drolshagen, B., Klein, R., Rothenberg, B. & Tillmann, A. (2002). *Eine Hochschule für alle*. Würzburg: Edition Bentheim.

Drolshagen, B. & Rothenberg, B. (1999). Selbstbestimmt Leben als Lebensperspektive sehgeschädigter Menschen. Eine Herausforderung auch für die Sehgeschädigtenpädagogik. In: Verband der Blinden- und Sehbehindertenpädagogen (Hrsg.), *Lebensperspektiven. 32. Kongressbericht der Blinden- und Sehbehindertenpädagogen in Nürnberg, 1998* (S. 249–271). Hannover: Verein zur Förderung der Blindenbildung.

Drolshagen, B. & Rothenberg, B. (2000). To the rating and self-determination and independence in visually impaired people's lives – a study's result In International Council for Education of People with Visual Impairment, Proceedings. *European Conference – Visions and strategies for the new century in Cracow, 2000* (160).

Drolshagen, B. & Rothenberg, B. (2001). Definitionen und Begrifflichkeiten ausgehend vom Modell „Selbstbestimmt Leben mit Persönlicher Assistenz". In MOBILE – Selbstbestimmtes Leben Behinderter e.V. (Hrsg.), *Selbstbestimmt Leben mit Persönlicher Assistenz. Ein Schulungskonzept für AssistenznehmerInnen* (S. 23–27). Neu-Ulm: AG SPAK Bücher.

Drolshagen, B. & Rothenberg, B. (2002). Behindertengerechte Hochschuldidaktik und Persönliche Assistenz im Studium. In B. Berendt (Hrsg.) *Neues Handbuch Hochschullehre (Kapitel F 4.1)*. Berlin: DUZ Verlags- und Medienhaus. Verfügbar unter: https://www.nhhl-bibliothek.de/api-v1/article/!/action/getPdfOfArticle/articleID/924/productID/10/filename/article-id-924.pdf

Drolshagen, B. & Rothenberg, B. (2009). Und ich mache es doch – ganz ohne Familie und ganz ohne Stress. In Verband der Blinden- und Sehbehindertenpädagogen und -pädagoginnen (Hrsg.), *Teilhabe gestalten. 34. Kongress der Blinden- und Sehbehindertenpädagogen in Hannover, 2008.* Würzburg: Edition Bentheim.

Dworschak, W. (2010). Schulbegleiter, Integrationshelfer, Schulassistent? Begriffliche Klärung einer Maßnahme zur Integration in die Allgemeine Schule bzw. die Förderschule. *Teilhabe, 49*(3), 131–135.

Gail, F. & Vetter, M. (2016). Systematische Zielgruppenbefragung. Methode und Ergebnisse von Fokusgruppen-Interviews durch ZB MED. *Informationspraxis, 2*(2), 1–24.

Hochschulrektorenkonferenz. (2009). *„Eine Hochschule für Alle". Empfehlung der 6. Mitgliederversammlung am 21.4.2009 zum Studium mit Behinderung/chronischer Krankheit.* Verfügbar unter: http://www.hrk.de/uploads/tx_szconvention/Entschliessung_HS_Alle.pdf

Lamnek, S. (2010). *Qualitative Sozialforschung*. Weinheim: Beltz.

Lamnek, S. & Krell, C. (2016). *Qualitative Sozialforschung (6. Aufl.)*. Weinheim/Basel: Beltz.

LVR-Integrationsamt. (2020). *Informationen zur Arbeitsassistenz. Arbeitsassistenz – Das Wichtigste in Kürze.* Verfügbar unter: https://www.lvr.de/de/nav_main/soziales_1/inklusionsamt/foerdermoeglichkeiten/fuer_arbeitnehmer/barrierefreie_arbeitsplatzgestaltung_1/arbeitsassistenz.jsp

Mayring, Ph. (2015). *Qualitative Inhaltsanalyse. Grundlagen und Techniken.* (12. Aufl.). Weinheim: Beltz.

Mayring, Ph. (2016). *Einführung in die qualitative Sozialforschung.* Weinheim und Basel: Beltz.

Miles-Paul, O. (1992). Selbstbestimmung Behinderter. Ein neues Denken erobert die Behindertenpolitik. *Pro Infirmis, 5–6,* 9–13.

Vereinte Nationen. (2008). *Übereinkommen über die Rechte von Menschen mit Behinderungen.* Verfügbar unter: www.netzwerk-artikel-3.de / un-konv / doku / un-konv-de.pdf

Weltgesundheitsorganisation / WHO. (2005). *Internationale Klassifikation der Funktionsfähigkeit, Behinderung und Gesundheit.* Verfügbar unter: http://www.soziale-initiative.net / wp-content / uploads / 2013 / 09 / icf_endfassung-2005-10-01.pdf

DoBuS-Mentoring für Studieninteressierte mit Behinderungen und chronischen Erkrankungen am Übergang Schule / Hochschule

Alexandra Franz

1 Einleitung

Das nachfolgend beschriebene Programm „Früh anfangen statt länger bleiben! Peer Mentoring für behinderte und chronisch kranke Studieninteressierte" (im Folgenden „DoBuS-Mentoring") ist ein Beispiel für ein innovatives Angebot des Bereichs Behinderung und Studium (DoBuS). Angesiedelt an der Technischen Universität Dortmund fokussiert es bewusst den Übergang Schule / Studium als herausfordernde Lebensphase. Kernstück des Programms ist es, dass Studierende mit Behinderungen und chronischen Erkrankungen als doppelte Expert*innen (Bender & Janhsen, 2022) (sowohl für das Studium als auch für behindernde Faktoren im Hochschulbereich) ihre Ressourcen in die gesamte modularisierte Konzeption einbringen.

Der vorliegende Aufsatz gibt einen Überblick darüber, wie und unter welchen Voraussetzungen das DoBuS-Mentoring zum Studienstart an der TU Dortmund für Studierende bzw. Studieninteressierte mit Beeinträchtigungen umgesetzt wird. Er stellt dabei eine Handreichung für Entwicklungsverantwortliche an Hochschulen dar und möchte nicht zuletzt Anregungen zur Implementierung von Mentoringprogrammen für Studierende mit Behinderungen und chronischen Erkrankungen an immer mehr deutschen Hochschulen geben.

2 Behinderung und Studium

2.1 Die individuelle Perspektive: Warum Mentoring am Übergang Schule / Hochschule? Erfahrungsbericht einer Mentorin

Ich habe 2016 mein Studium mit einer starken Sehbeeinträchtigung begonnen. Die Diagnose habe ich mit 16 Jahren bekommen und habe bis zum Abitur eine Regelschule besucht. Danach habe ich ein Jahr lang die Blindentechnische Grundausbildung am LWL Berufsbildungswerk Soest gemacht. Hier hatte ich zum ersten Mal Kontakt zu anderen Schüler*innen mit einer Sehbeeinträchtigung. Der Wechsel von einer „normalen" in eine „beeinträchtigungsspezifische" Gruppenkonstellation hat mich zunächst überfordert. Heute weiß ich, dass hier der Auseinandersetzungsprozess mit meiner eigenen Beeinträchtigung begonnen hat.

Zu Beginn meines Studiums hatte ich keine klare Vorstellung davon, was es konkret bedeutet, zu studieren. Was ist ein Seminar? Was eine Vorlesung? Welche Unterschiede bestehen zwischen Klassenarbeit und Hausarbeit? Ich habe versucht, aus dem mir bekannten Lernumfeld Schule Parallelen zur Hochschule abzuleiten. Dass dies nur bedingt möglich ist, wurde schnell deutlich.

In der Schule bleiben die Klassengemeinschaft und Lehrpersonen häufig über mehrere Jahre gleich und der Stundenplan ist klar vorgegeben. Als Schülerin habe ich diese Strukturen früh kennengelernt und mich über Jahre hinweg in das System eingefügt. Ich kannte die Wege und Räume und konnte einschätzen, welche Lehrpersonen in welchem Maße auf meine Beeinträchtigung eingingen. Mitschüler*innen konnten mich bei Schwierigkeiten unterstützen und wussten, dass ich im Unterricht bestimmte Hilfsmittel benötigte. Ich habe mich hauptsächlich an den vorhandenen Angeboten orientiert. Weniger an meinen tatsächlichen Bedarfen. An der Schule wollte ich einfach „normal" sein, so wie alle anderen auch. Es gab ein System mit klaren Strukturen und ich wollte möglichst unauffällig ein Teil dessen sein.

Meiner Erfahrung nach bietet die Uni viel offenere, durchlässigere Strukturen, sodass ein hohes Maß an Selbstständigkeit und Organisationsfähigkeit erforderlich wird. Die Verantwortung für das Gelingen eines Studiums lag letztlich bei mir selbst. Zwar gab es Unterstützung und Ansprüche, aber diese konnte ich nur einfordern, weil ich darum wusste. Mit Blick auf ein Studium mit Beeinträchtigung bedeutete das nicht nur, die Veranstaltungen zu belegen, die im Studienverlaufsplan standen. Es stellten sich viele Fragen, wie z. B.: Wie melde ich mich zu Seminaren an? Wie erstelle ich einen Stundenplan? Und was ist eigentlich ein Tutorium? Die Ansprechpartner*innen sind nicht immer klar definiert und sind innerhalb verschiedener Hochschulbereiche angesiedelt. Die zuständigen Ansprechpersonen für verschiedene Anliegen zu finden und zu kontaktieren war manchmal eine echte Herausforderung. Auch stellte sich mir die Frage, wie ich meine eigene Beeinträchtigung ansprechen und erläutern sollte, welche Auskünfte sollte ich über mich geben und welche nicht? Spielt meine Beeinträchtigung überhaupt eine Rolle für das eigentliche Anliegen?

Der Umgang mit meiner Sehbeeinträchtigung war aber auch im Umgang mit Kommiliton*innen ein Thema für mich. Wie erläutere ich z. B. meine Bedarfe in Gruppenarbeiten? Wie erkläre ich, dass ich auf dem Campus grußlos an bekannten Mitstudierenden vorbeilaufe? Manche Situationen treffen mich noch immer unerwartet, aber ich habe gelernt, Teilhabe einzufordern. Die eigene Beeinträchtigung zu akzeptieren ist eine zentrale Voraussetzung, um aktiv mit ihr umgehen zu können.

Mit meiner heutigen (Studien)-Erfahrung denke ich, dass viele Ängste durch Vorbilder hätten genommen werden können. Andere Studierende mit einer Beeinträchtigung haben bereits Erfahrungen gesammelt und können darüber berichten. Sie können mitteilen, wie sie mit verschiedenen Situationen umgegangen sind und so helfen, den eigenen, individuellen Weg durch ein Studium mit Beeinträchtigung zu finden. Es geht nicht darum Vorgaben zu erhalten, sondern vielmehr darum, Anregungen zu bekommen, um sich selbst mit diesen Fragen auseinanderzusetzen. Und darum, Teil eines Netzwerkes von Studierenden zu sein, die all diese Erfahrungen miteinander teilen können. So steht man vor allem am Anfang nicht allein da und kann von Vorbildern und Gleichgesinnten lernen.

Ich persönlich habe mich dazu entschieden, auf Stimmen zu hören, die mir basierend auf ihren eigenen Erfahrungen Mut machen. So hat sich mein Netzwerk an der Uni gebildet. Hätte ich jedoch nicht so viel

Zuspruch bekommen und auf diejenigen gehört, die von einem Studium abgeraten haben, wäre vieles nicht möglich gewesen. Daher halte ich es für wichtig, dass Studieneinsteiger*innen früh Kontakt zu anderen Studierenden mit Beeinträchtigung aufnehmen und von deren Erfahrungen profitieren können und bestärkt werden – dass sie eben Vorbilder bekommen!

Franziska Fleitmann, Studentin Lehramt Master, Mentorin seit 2017

2.2 Die quantitative Perspektive: Studienlage

Die Zeit vor Aufnahme des Studiums und während des Studienbeginns markiert für alle Studierenden eine Phase neuer Herausforderungen. Studieninteressierte bzw. Studierende in der Studieneingangsphase mit Behinderungen und chronischen Erkrankungen haben darüber hinaus häufig, insbesondere in Bezug auf die Klärung individueller beeinträchtigungsbezogener Belange, spezifischen Unterstützungsbedarf.

Die im Jahre 2018 veröffentlichte Studie beeinträchtigt Studieren best2 (DSW, 2018) zeigt zum ersten Mal explizit den Unterstützungsbedarf von Studierenden mit Behinderungen und chronischen Erkrankungen zu Studienbeginn bzw. am Übergang Schule / Hochschule. Sie macht differenzierte Angaben sowohl zu Studierenden in der Eingangsphase als auch zu Studierenden im späteren Studienverlauf (DSW 2018, S. 109).

Ein Anteil von 66 Prozent der Studienanfänger*innen nennt hiernach in Bezug auf beeinträchtigungsbezogene Belange in der Studieneingangsphase einen spezifischen Unterstützungsbedarf. Eine frühzeitige Unterstützung wird von den Studierenden insbesondere in Bezug auf folgende Bereiche für sinnvoll erachtet:

- Umgang mit beeinträchtigungsbezogenen Fehlzeiten (39 %)
- Beantragung von Nachteilsausgleichen bei Prüfungen, Hausarbeiten und anderen Leistungsnachweisen (35 %) sowie
- Erarbeitung eines individuellen Studienverlaufsplans (30 %).

Zudem geben rund 44 Prozent der Studierenden behinderungsbezogene Schwierigkeiten im sozialen Miteinander an, die Auslöser oder Verstärker von Studienproblemen sind. Insbesondere die Angst vor Ablehnung und Stigmatisierung sowie negative Erfahrungen im Kontext eines „Outings", erschweren die Kommunikation mit Lehrenden, Mitstudierenden und der Verwaltung (DSW, 2018, S. 146).

DoBuS hat als eine der ersten Hochschulen bundesweit 2017 ein Mentoringprogramm für Studieninteressierte und Studierende mit Beeinträchtigungen in der Studieneingangsphase etabliert. Dieses Programm überführt im Verständnis des Dortmunder Arbeitsansatzes (siehe Bender, Bühner & Drolshagen in diesem Band) Fragen und Themen in ein lösungsorientiertes Angebotsformat mit zwei Bausteinen:

- Baustein A: Studieren mit Behinderung
- Baustein B: Persönlichkeitsentwicklung und Reflexion von Behinderungserfahrung.

3 Programmgestaltung

3.1 Grundannahmen und Mentoringverständnis

Wie bereits dargelegt (siehe Bender et al. in diesem Band), hält die TU Dortmund mit ihrem Bereich Behinderung und Studium ein breites Spektrum von Angeboten zur Unterstützung von Studierenden mit Behinderungen bereit. Anders als in klassischen Beratungsformaten, die DoBuS vorhält und die in der Regel zeitlich begrenzt, thematisch definiert und stark zielorientiert sind, bietet das DoBuS-Mentoring die Möglichkeit zum Aufbau einer längerfristigen Beziehung, eines Erfahrungsaustauschs und Wissenstransfers zwischen zwei Peers. Der von DoBuS verfolgte Arbeitsansatz, dem das Prinzip der „doppelten Expert*innen bzw. Expert*innen in eigener Sache" immanent ist, lässt sich im DoBuS-Mentoring sehr gut integrieren und insbesondere im Peer Mentoring auf Augenhöhe verstärken. Das Mentoringprogramm begreift sich in diesem Sinne als eine Erweiterung. Es kann und will aber keine Alternative zu bestehenden Beratungsangeboten darstellen. Unser Verständnis von Mentoring entspricht der Definition von Ziegler (2009, S. 11):

„Mentoring ist eine zeitlich relativ stabile dynamische Beziehung zwischen einem / einer erfahrenen Mentor / in und seinem / r ihrem / r weniger erfahrenen Mentee. Sie ist durch gegenseitiges Vertrauen und Wohlwollen geprägt, ihr Ziel ist die Förderung des Lernens und der Entwicklung sowie das Vorankommen des / der Mentee / s."

Dabei orientiert sich das DoBuS-Mentoring an der TU Dortmund an den Qualitätsstandards für Mentoring in der Wissenschaft des Forums Mentoring e. V., welche konzeptionelle Voraussetzungen, institutionelle Rahmenbedingungen sowie Programmstruktur und -elemente gleichermaßen berücksichtigen (Forum Mentoring, 2014).

3.2 Aufbau und Inhalte

Das DoBuS-Mentoring unterstützt Studieninteressierte mit Behinderungen, zum einen bei der allgemeinen Orientierung am Übergang Schule / Hochschule, zum anderen schafft es den benötigten Raum spezifische, beeinträchtigungsbezogene Bedarfe zu benennen bzw. überhaupt erst zu identifizieren. „Ja, wenn ich jemanden kennen würde und ich da mal schauen könnte, wie das geht..." – diese Aussage wird so oder so ähnlich in einer Vielzahl von Kontakten mit Studierenden geäußert und spiegelt den Kerngedanken der dem Empowerment Konzept verpflichteten Ausrichtung des DoBuS-Mentorings wider (Pankofer, 2016).

Im DoBuS-Mentoring übernehmen Studierende mit Behinderungen und chronischen Erkrankungen, die mindestens über zweisemestrige Studienerfahrung verfügen, die Rolle von Mentor*innen und fungieren als sogenannte Role Models für beeinträchtigte Studienanfänger*innen, um individuelle Handlungsoptionen zu entwickeln bzw. bestehende Strukturen zu nutzen. Studieninteressierte bzw. Studierende des ersten Semesters (Mentees) werden so an der Schnittstelle Schule / Hochschule passgenau und prozessorientiert begleitet. Das zentrale Anliegen lautet, Behinderung als Erfahrungsdimension im Hochschulkontext in einem Peer-Mentoringprozess gemeinsam mit einem Experten oder einer Expertin, in diesem Fall dem*der selbst beeinträchtigten Mentor*in, zu bearbeiten. Die Möglichkeit eines direkten Lernens von Vorbildern / Peers ist hilfreich, um im Dialog mit der erfahrenen Person die eigenen Fähigkeiten besser kennen zu lernen und den Umgang mit der eigenen Beeinträchtigung selbstbewusst zu managen.

Gleichzeitig werden Einblicke in die Strukturen der Hochschule gewährt; es entsteht ein Netzwerk, das neue Impulse, ebenso wie konkrete Hilfen bieten kann. Tabelle 1 zeigt eine zusammenfassende Beschreibung der Arbeitsschritte, die in den verschiedenen Phasen des DoBuS-Mentoringprogramms umgesetzt werden. Vorgelagert ist die eigentliche Programmkonzeption, die, neben einer Bedarfserhebung, die Zielgruppe, Beschreibung der Ziele und Inhalte sowie den zeitlichen Rahmen, unter Berücksichtigung der finanziellen und personellen Ressourcen, umfasst.

Tabelle 1: Arbeitsschritte des DoBuS-Mentoringprogramms pro Durchgang (2 Semester)

Vor Semesterbeginn	*Im* Semester (WS – *Ende* SoSe)	*Nach* SoSe
Akquise Mentor*innen und Mentees	Auftaktveranstaltung	Abschlussveranstaltung / Abschlussbefragung
Auswahl Mentor*innen	Betreuung der Tandems	Evaluation / Auswertung der Evaluationsergebnisse
Qualifizierung der Mentor*innen	min. 4 × Workshops	Programmdokumentation
Auswahl Mentees	Halbzeittreffen / Auswertung Zwischenstand	
Matching	mind. 4 × Gruppentreffen (Mentees eines Durchgangs)	
Willkommenstreffen	mind. 4 × Gruppentreffen (Mentor*innen eines Durchgangs)	
Start der Zusammenarbeit der Tandems	mind. 4 × Netzwerktreffen (Mentees *und* Mentor*innen eines Durchgangs)	
	monatl. Stammtisch (alle aktiven Teilnehmenden seit Programmstart 2017 – heute)	
	mind. 6 × Treffen im Tandem in Präsenz à 1,5 Stunden	
	monatl. mind. ein Austausch im Tandem (digital)	

3.3 Mentoring Formate und Rahmenprogramm

Im DoBuS-Mentoring finden das klassische One-to-one Mentoring und das Peer-Gruppenmentoring zu einem dem Empowerment verpflichteten Konzept zusammen (Fritz & Schmidt, 2019). Pro Mentoringdurchgang werden zehn Tandems gebildet. Eine Teilnahme am Programm ist für die Mentees kostenfrei, die Mentor*innen engagieren sich ehrenamtlich und erhalten mit Abschluss ihrer Tätigkeit ein Teilnahmezertifikat.

Aufgabe des One-to-one Mentorings ist es, Studierende verschiedener Studienphasen zusammenzuführen und Einsichten in bisher unbekannte, z.T. auch informelle, Wissensbestände auf sehr persönlicher Ebene zu ermöglichen. In der Zusammenarbeit mit je einem*einer Mentor*in wird eine vertrauensvolle Beziehung aufgebaut, in der, neben das Studium betreffende Fragen, auch Bereiche der Lebensplanung und Persönlichkeitsentwicklung ausgetauscht werden.

Demgegenüber kommt der Peer-Gruppe der Mentees eine Funktion mit eher lebenspraktischem Schwerpunkt zu. Hier bilden der Aufbau eines neuen Netzwerks zur Freizeitgestaltung, zum Erkunden des (neuen) Wohnumfeldes, und zur Bildung von Lerngruppen die Schwerpunkte. Im Idealfall kommt es zur Bildung eines Netzwerkes, das über die eigentliche Laufzeit der Arbeit in Tandems hinausgeht. Dabei wird die Reflexion von Behinderungserfahrung aus dem Kontext der eigenen Beeinträchtigung gelöst und als sozial, gesellschaftlich oder hochschulspezifisch wahrgenommen. Zudem fördert die Begegnung mit Peers mit unterschiedlichen Beeinträchtigungsformen (erworben oder angeboren, sichtbar oder nicht sichtbar, körperlich oder psychisch) bzw. mit unterschiedlichen Behinderungserfahrungen die Fähigkeit, sich in Personen in anderen Lebenssituationen hineinzuversetzen.

Das Gerüst rund um das eigentliche Mentoring bildet das Rahmenprogramm mit seinen drei Elementen Beratung durch die Programmkoordination, Qualifizierung durch Workshops und Netzwerkarbeit.

3.3.1 Beratung durch die Programmkoordinatorin

Die Programmkoordinatorin steht als Tandembegleitung kontinuierlich zur Verfügung. Sie beantwortet Fragen, stellt ihr Erfahrungswissen zur Verfügung, vermittelt im Konfliktfall und lädt auf Wunsch zu gemeinsamen Reflexionsgesprächen mit Mentee und Mentor*in ein. Gerade zu Beginn der Tandemarbeit kann diese, nach Bedarf abrufbare Unterstützung durch eine außenstehende Person hilfreich sein; sie erfolgt stets auf freiwilliger Basis und ist themenoffen. Stellt ein Tandem zu Beginn der Zusammenarbeit fest, dass „die Chemie nicht stimmt" und es lässt sich keine für beide Seiten befriedigende Lösung der Situation finden, besteht die Möglichkeit eines Tandemwechsels.

3.3.2 Workshops

In jedem Mentoringdurchgang werden ein Eröffnungs- und ein Abschlussworkshop für die Mentees angeboten, die verpflichtend zu besuchen sind. Auch der Qualifizierungsworkshop für Mentor*innen ist ein verpflichtender Bestandteil des DoBuS-Mentorings. Zudem werden DoBuS-Workshops und Seminare zu Themen durchgeführt, die sich aus wiederholt in der Beratung (sowohl im Mentoring als auch innerhalb des DoBuS-Beratungsdienstes) genannten Aspekten herleiten lassen und die Mentees wie Mentor*innen gleichermaßen adressieren. Ein Beispiel für einen Mentee-Workshop ist das Online-Format „Plan B"; hier werden Möglichkeiten zur Prüfungsvorbereitung mittels Lernpartnerschaften aufzeigt.

3.3.3 Netzwerk

Das Netzwerk bildet die Gesamtheit aller innerhalb eines Mentoringdurchgangs aktiven Teilnehmenden, Mentees und Mentor*innen. Da es sich um ein Programm für Studierende in der Studieneingangsphase handelt, werden gezielt Angebote und Strukturen rund um den Themenkreis „Studieren mit Behinderungen und chronischer Erkrankung an der TU Dortmund" fokussiert. Zu moderierten Netzwerktreffen lädt die Programmkoordinatorin zu Beginn, in der Mitte, und mit Beendigung eines

Semesters ein (z. B. Willkommenstreffen im Juli, Semesterstart im Okto-
ber, Neujahrsfrühstück im Januar und Treffen in der vorlesungsfreien
Zeit nach Abstimmung). Ergänzt werden diese durch studentisch organi-
sierte, informelle Netzwerktreffen wie beispielsweise dem Stammtisch.
Darüber hinaus wird das informelle Networking über Mailinglisten bzw.
mobile Messenger zur autonomen Kontaktpflege sowie über die Nutzung der Social-Media-Plattform Instagram gepflegt.

3.4 Werbung von Mentees und Mentor*innen

Um interessierte Mentees und Mentor*innen anzuwerben, nutzt Do-
BuS die der Hochschule zur Verfügung stehenden Kommunikationswege wie Homepage, Social-Media-Plattformen, Mail-Verteiler, Flyer,
Aushänge usw. Hervorzuheben ist die Bedeutung, die dem persönlichen (Erst-)Kontakt zukommt. DoBuS-Berater*innen machen bereits in
der von studieninteressierten Schüler*innen stark nachgefragten Erst-
beratung auf das bestehende Angebot aufmerksam und sprechen erfahrene Studierende als potentielle Mentor*innen gezielt an. Zudem
ist die Vorstellung des DoBuS-Mentorings fester Bestandteil der Do-
BuS-Schnupper-Uni „Studieren mit Behinderung / chronischer Erkrankung", der „Ersti"-Begrüßung sowie des regelmäßig stattfindenden Ab-
solvierendentages. Das Programm zeigt regelmäßig Präsenz am Tag der
offenen Tür oder der Nacht der Beratung, um niederschwellig zu informieren. Auf der Homepage des Dortmunder Zentrums „Studienstart an
der TU Dortmund" ist das Angebot ebenfalls zu finden.

Wird in Mentoringprogrammen allgemein die Phase der Anwerbung
sowohl von Mentees als auch von Mentor*innen als zeitlich und inhaltlich anspruchsvoll eingeschätzt, so zeigt sich für die TU Dortmund, dass
mit der Einrichtung DoBuS eine Vielzahl an oben genannten Schnittstellen und Netzwerken etabliert sind, die für die Gewinnung von Teilnehmenden genutzt werden können, was die anspruchsvolle Anwerbephase
erleichtert.

3.5 Teilnahme und Matching

Die Teilnahme am DoBuS-Mentoringprogramm ist kostenfrei. Mit Personen, die sich nach der allgemeinen Information für die Teilnahme am DoBuS-Mentoring entscheiden, klärt die Programmkoordinatorin, neben den studienrelevanten Daten (Studienfach, Semesterzahl, etc.), insbesondere persönliche Motive und Erwartungen in einem persönlichen Gespräch. Organisatorische Aspekte, wie beispielsweise feststehende Termine, Zeitaufwand der Zusammenarbeit in Tandems, ggf. anfallende Reisekosten etc., werden hier erläutert. Mögliche Anforderungen an Mentees und Mentor*innen werden frühzeitig dargelegt, um die verbindliche Entscheidung zur Teilnahme zu erleichtern. Für Mentor*innen ist die Teilnahme an einem Workshop zur Vorbereitung auf die Mentor*innen Tätigkeit verpflichtend und beinhaltet neben der Klärung von Aufgaben und Zuständigkeiten, insbesondere die Reflektion eigener Behinderungserfahrungen.

Unter Berücksichtigung der individuellen Beeinträchtigung, Fachinteressen, Berufszielen, persönlichen Lebensumständen sowie räumlicher Entfernung werden die Tandems gebildet. Die individuelle Schwerpunktsetzung in Bezug auf den*die gewünschte*n Mentor*in erfolgt dabei durch die*den Mentee. Konkrete Wünsche mit Blick auf die studierte Fachrichtung des*der Mentor*in, werden so weit wie möglich berücksichtigt. Auch die maximal zu bewältigende räumliche Entfernung kann eine Rolle spielen. Eine möglichst genaue Passung der Bedarfe der Mentees mit den Kompetenzen der Mentor*innen sorgt für eine hohe Zufriedenheit bei den Teilnehmenden und kann Drop-Out-Quoten niedrig halten. Idealerweise erreicht ein Tandem die maximal mögliche Übereinstimmung hinsichtlich der gewünschten bzw. studierten Fachrichtung und der individuell beschriebenen Beeinträchtigung sowie den hieraus resultierenden Unterstützungsbedarfen.

3.6 Zusammenarbeit der Tandems

Die Initiative zur Zusammenarbeit geht idealerweise von den Mentees aus. Diese sind nach dem ersten moderierten Kennenlernen im Rahmen einer Auftaktveranstaltung explizit aufgefordert, den weiteren Kontakt zum*r Mentor*in – beispielsweise per Mail – aufzunehmen. Persönliche Interessen, Fragen und Wünsche müssen zielgerichtet formuliert werden. Aufgabe des*r Mentor*in ist es, die Fragen und Anliegen zu strukturieren und in konkrete Aktivitäten zu überführen (Besuch einer Lehrveranstaltung, Campusführung, Besuch der Bibliothek, gemeinsames Essen in der Mensa, usw.). Hierzu zählt auch die Beantwortung konkreter Anfragen zu Orientierungshilfen an der Universität (z. B. Vorlesungsverzeichnis, Lernplattform moodle, Nutzung des Mathe-Help-Desks usw.) Die strukturierte Vor- und Nachbereitung der Treffen durch die Mentees, z. B. in Protokollform, dient nicht zuletzt dem Ziel, eine systematische Vorgehensweise einzuüben, die auch zur Bewältigung des Studienalltags von Nutzen ist.

Welchen konkreten Themen und Zielen ein Tandem sich annimmt, ist freigestellt. Je nach angestrebtem Studienbereich, fachlichen und privaten Interessen, räumlicher Entfernung oder vorhandenen zeitlichen Ressourcen, entscheidet jedes Tandem autonom. Die Dauer der Zusammenarbeit des Tandems ist durch das Programm geregelt und auf zwei Semester befristet. Wie bereits eingangs dargelegt, ersetzen die Tandems nicht die bestehenden Beratungsangebote der Hochschule und sind auch nicht als Alternative dazu zu verstehen. Es ist vielmehr die Peer-Perspektive und der informelle Informations- und Erfahrungsaustausch sowie die Möglichkeit zur Reflexion, auf die die Tandemarbeit abzielt. Insbesondere Bereiche, die rechtsrelevante Aspekte berühren, gehören nicht in das studentische Mentoringsetting. Hier sind die Mentor*innen geschult, an die entsprechenden Stellen der Hochschule zu verweisen.

Vorbereitend bzw. unterstützend erhalten sowohl Mentor*innen als auch Mentees ein Materialpaket, das das Anmeldeformular bzw. den Profil- und Bewerbungsbogen, einen Mentoringleitfaden, die Rahmenbedingungen der Zusammenarbeit sowie einen Mentoringvertrag enthält, den beide Parteien unterschreiben, und der u. a. eine Schweigepflichtserklärung beinhaltet (Hildegardis Verein, 2023).

4 Programmevaluation

4.1 Evaluationsaufbau

Der erste DoBuS-Mentoringdurchgang im Wintersemester 2017/18 und Sommersemester 2018 wird jeweils zu Semesterende evaluiert. Ziel der Evaluation ist es, die Gewichtung der unterschiedlichen Themenbereiche, Inhalte und Angebote durch die Teilnehmenden abzufragen. Zudem wird die Möglichkeit genutzt, Anregungen der Teilnehmenden zur Vertiefung oder Ergänzung von Themen einzuholen.

Dazu werden mit dem offenen Einzelinterview, der Gruppendiskussion sowie der Beobachtung drei Erhebungsstrategien qualitativer Sozialforschung in Anlehnung an Mayring (2015) kombiniert.

Im Wintersemester 2021 wird das Programm erneut ausgewertet, um Interessen- und Bedarfslage der Teilnehmenden zu aktualisieren. Gleichzeitig trägt diese erneute Befragung den durch die Coronapandemie veränderten Studienbedingungen Rechnung.

Das DoBuS-Mentoringprogramm ist nicht auf die Erweiterung der Datenlage zu Studierenden mit Beeinträchtigungen und chronischer Beeinträchtigung ausgerichtet. Bei der Evaluation steht vielmehr der explorative Charakter im Vordergrund. Das übergeordnete Anliegen lautet, der Zielgruppe Schüler*innen mit Behinderungen und chronischen Erkrankungen am Übergang Schule / Hochschule die Möglichkeit zu bieten, das Programm entsprechend der eigenen Bedarfe zu gestalten und hinsichtlich der Programminhalte Einfluss zu nehmen.

Die Ergebnisse werden entsprechend der beiden im Zentrum der Programmkonzeption stehenden Bausteine gegliedert:

- Baustein A: Studieren mit Behinderung
- Baustein B: Persönlichkeitsentwicklung und Reflektion von Behinderung

4.2 Evaluationsergebnisse

Die folgenden Ergebnisse beziehen sich zum einen auf Aussagen von Studienanfänger*innen mit Behinderungen und chronischen Erkrankungen, die das DoBuS-Mentoring als Mentees genutzt haben. Diese bewerten die Teilnahme am Programm als gewinnbringend sowohl hinsichtlich des Studienstarts als auch bezogen auf die persönliche Entwicklung. Es sind jedoch nicht nur die Mentees, die angeben, von der Zusammenarbeit im Tandem profitiert zu haben. Auch die befragten Mentor*innen geben an, aus dem Konzept des wechselseitigen Nehmens und Gebens Nutzen zu ziehen. Die Mentor*innen führen an, soziale und kommunikative Kompetenzen auch im Umgang mit der eigenen Beeinträchtigung und den hieraus resultierenden Bedarfen zu trainieren bzw. zu reflektieren, Kontakte auch zu anderen Mentor*innen aufzubauen sowie im Netzwerk neue Kontakte im universitären Kontext zu gewinnen. Den Kontakt zu Peers bewerten sowohl Mentees als auch Mentor*innen gleichermaßen als zentrales Element des DoBuS-Mentoringprogramms.

4.2.1 Ergebnisse Baustein A: Studieren mit Behinderung

Zentrale Themen
Beispiele für Themen, die regelmäßig Gegenstand im DoBuS-Mentoring sind, von den Teilnehmenden als zentral erachtet werden und die sich der Ebene Studieren mit Behinderung zuordnen lassen, lauten:

- Allgemeine Studienorientierung (Anforderungen, Voraussetzungen, Angebote der TU Dortmund für Schüler*innen, Angebote von DoBuS, Studienfachwahl)
- Austausch vor/zu Studienbeginn (Immatrikulation, Orientierungsphase, Stundenplanerstellung, etc.)
- Arbeitsorganisation (Zeitmanagement, Priorisierung von Aufgaben)
- Klärung von Organisationsstrukturen: *Wer* ist Ansprechstelle für *Was*?
- Einsatz von Hilfsmitteln, Überprüfung und Reflektion bisheriger Lern- und Arbeitsstrategien
- Auseinandersetzung mit dem Thema Lebens-, Studien- und Berufsplanung mit Beeinträchtigung

Es zeigt sich, dass diese Themen sowohl innerhalb der Tandems als auch übergreifend im Netzwerk bearbeitet werden.

Zusammenarbeit im Tandem

Aus Sicht der Mentor*innen kennzeichnet ein gewinnbringendes Tandem: „Eine klar definierte, zuverlässige und zielführende Beziehung in Balance für beide Seiten, in der alles gefragt und gesagt werden darf und die viel Bewegung mit sich bringt".

„Ermutigung, Unterstützung und Austausch durch eine*n erfahrene*n Mentor*in mit doppelter Expertise in authentischer und freundlicher Atmosphäre bei hoher zeitlicher Flexibilität" – so kann die Formel lauten, die nach Einschätzung der Mentees zum Gelingen einer One-to-one Tandembeziehung beiträgt und die sich unterstützend auf die Studienorganisation / den Studienverlauf auswirkt. Mentees wie Mentor*innen geben gleichermaßen an, viele Denkanstöße zu Lernstrategien und eingesetzten Hilfsmitteln gewonnen zu haben.

Deutlich wird, dass es für Studierende mit Behinderungen beeinträchtigungsbezogen von besonderer Bedeutung ist, die Lebens- und Studienbedingungen an der TU Dortmund bereits *vor* Studienbeginn detailliert zu kennen. Nur wenn der Studienalltag bedarfsgerecht organisiert ist, kann das Studium konzentriert verlaufen. Dies betrifft neben Themen der Studienorganisation und geeigneten Lern- und Arbeitsstrategien u. a. die Bereiche Wohnen, Pflege, Mobilität sowie Freizeitgestaltung. Durch die umfassende Vorbereitung vor Studienbeginn, können beeinträchtigte Mentees den Herausforderungen und möglichen behinderungsbedingten Barrieren im Studium souveräner begegnen. Letztlich kann so auch die Entscheidung für oder gegen die Aufnahme eines Studiums so früh wie möglich unter größtmöglichem realem Bezug getroffen werden. Der regelmäßige und frühzeitige Austausch mit dem*der Mentor*in hilft, nach Einschätzung der Mentees, zu Studienbeginn dabei, Anforderungen einschätzen und bewältigen zu können.

Besonders wird von Mentees der Faktor Zeitersparnis hervorgehoben, welcher aus den Ratschlägen der Mentor*innen zur Organisation des behinderungsbedingten Mehrbedarfs resultiert. Nach Einschätzung der Studierenden liegt diese Ersparnis bei ein bis zwei Semestern. Ohne Unterstützung im Mentoring, die als „learning by doing", „flexibel abzurufen" und „mutmachend" beschrieben wird, vermuten die Teilnehmenden eine deutliche Verlängerung ihres Studienverlaufs. Mentor*innen bestätigen diese Überlegungen aus eigener Erfahrung. Sie geben an, ihrerseits

hinsichtlich potenzieller Herausforderungen zu Studienbeginn unvorbe-
reitet gewesen zu sein und für die Organisation ihres behinderungsbedingten Mehrbedarfs zu Studienbeginn viel Zeit aufgewendet zu haben.
Sie haben Beratungsangebote für Studierende mit Beeinträchtigungen
oder chronischen Erkrankungen an der TU Dortmund anlassbezogen in
Anspruch genommen, oftmals mit einem konkreten Problem im Fokus.
Der Vorteil eines Mentorings liegt demgegenüber darin, dass das Studium
betreffende Herausforderungen frühzeitig identifiziert und gemeinsam
bearbeitet werden, noch bevor diese zum Problem werden. Gleichzeitig
bietet sich im Kontakt mit der Mentorin bzw. dem Mentor die Möglichkeit,
konstruktives Feedback zeitnah bzw. unmittelbar zu erhalten. Dies wird in
einer Phase, die als von vielen Unsicherheiten geprägt beschrieben wird,
als sicherheitsgebender Faktor bewertet. „Sie hat das geschafft, dann
kann ich das auch schaffen" – in diesem Satz einer Mentee zeigt sich
einmal mehr die Bedeutung, die Mentor*innen als Vorbilder zukommt.

Netzwerkbildung
Das Netzwerk etabliert sich als ein zentrales Modul im DoBuS-Mentoringprogramm und ergänzt einerseits die One-to-one Tandemarbeit, indem es die Möglichkeit bietet, bereits im Tandem erarbeitete Punkte
in der größeren Gruppe aus Mentees und Mentor*innen zu diskutieren.
Andersherum werden im Netzwerk besprochene Aspekte entwickelt und
aufgegriffen, um sie in die Mentoring-Beziehung zu tragen. Die Mentees
beurteilen das Netzwerk als wertvoll und hilfreich. Es hat sich gezeigt,
dass dieses weit über die Laufzeit von zwei Semestern hinaus besteht.
Die Möglichkeit eines Austauschs unter Peers wird von Mentees und
Mentor*innen gleichermaßen hoch bewertet.

Die Programmteilnehmenden werten die Heterogenität bezogen auf
gewählte Studienfächer, aber auch hinsichtlich der individuellen Beeinträchtigungen der Teilnehmenden untereinander, als gewinnbringend.
Beide Gegebenheiten fordern die Teilnehmenden auf, sich aktiv und interessiert Fragen zu stellen, anstatt Antworten vorzugeben. Im Kontext
des Netzwerkes werden zudem Fragen rund um Bereiche wie Wohnen
und Freizeitaktivitäten bearbeitet. In der Praxis sieht diese Unterstützung beispielsweise so aus: Eine Studienanfängerin lädt eine Schülerin
zu sich ein, sich ihr Zimmer im Wohnheim anzuschauen. Genau wie sie

kommt sie aus einer anderen Stadt und ist für das Studium nach Dortmund gezogen. Beide sind sehbehindert und tauschen sich aus über z. B. Auszug aus dem Elternhaus, Lage des Zimmers auf dem Campus, den Kontakt zu anderen Studierenden, Freizeitmöglichkeiten in Dortmund oder die Anbindung an den öffentlichen Nahverkehr. Sie verabreden sich zu einem weiteren Treffen in der Mensa.

Personelle Hilfen im Studium
Teilnehmende des DoBuS-Mentoringprogramms äußern die Vermutung, dass es das erste Semester bedarf, um den eigenen Hilfebedarf in Seminaren, in Prüfungen sowie bei allgemeinen Techniken wissenschaftlichen Arbeitens genau beschreiben zu können (siehe Drolshagen in diesem Band).

Im Mentoring zeigt sich einmal mehr, dass vor allem professionalisierte, personelle Hilfen außerhalb der Herkunftsfamilie, wie z. B. das Instrument der Studienassistenz, nicht allen Schüler*innen zu Beginn ihres Studiums bekannt sind. Viele übertragen bewährte Arbeitstechniken aus der Schulzeit auf die Hochschule. Das Ausprobieren von Alternativen wird häufig vermieden, Teilnehmende des DoBuS-Mentorings nennen als Grund z. B. einen vermuteten erheblichen Zeitaufwand.

Die Teilnehmenden des DoBuS-Mentorings beschreiben hier einmal mehr die Bedeutung, die ihrem*ihrer Mentor*in als Role Model zukommt. Der selbstverständlich wirkende Rückgriff auf Studienassistenz wird wahrgenommen und beobachtet, ein „Blick über die Schulter" im direkten Einsatz einer personellen Hilfe wird im Idealfall ermöglicht. Das Selbstbewusstsein, mit dem erfahrene Studierende vermitteln: „Meine Assistentin ersetzt für mich Arme und Beine", stößt einen weiteren Reflexionsprozess an. Aufkommende Befürchtungen, die beispielsweise die Beantragung betreffen, werden thematisiert und auf Wunsch im fachkundigen DoBuS-Beratungskontext bearbeitet.

Ein weiterer in diesem Zusammenhang thematisierter Bereich gilt dem bisherigen Unterstützungs- und Hilfesystem allgemein. War es in der Schulzeit noch selbstverständlich, auf die Unterstützung aus der Herkunftsfamilie zurückzugreifen, wird diese Unterstützung mit Studienbeginn häufig hinterfragt oder durch Sachzwänge, wie beispielsweise einem Wohnortwechsel, zwangsläufig eingeschränkt.

4.2.2 Ergebnisse Baustein B: Persönlichkeitsentwicklung und Reflektion von Behinderungserfahrung

Zentrale Themen
Die Auswertung zeigte, dass insbesondere dem Bedarf der Teilnehmenden (Mentees und Mentor*innen), sich mit Peers über Behinderungserfahrungen auszutauschen, nachgekommen wurde. Daneben thematisierten die Teilnehmenden auch die eigenen Beeinträchtigungen oder chronischen Erkrankungen und die damit verbundenen Auswirkungen auf individuelles Leistungsvermögen.

Umgang mit der eigenen Beeinträchtigung / Reflektierte Behinderungserfahrung
In der Evaluation hat sich gezeigt, dass wiederholt beschriebene Erlebnisse, die die Teilnehmenden bislang als individuell und durch die eigene Beeinträchtigung verursacht erlebt haben, gemeinsam als strukturelle Mängel identifiziert werden.

Die überwiegende Zahl der Teilnehmenden beschreibt in der Vergangenheit keinerlei Kontakt zu anderen Menschen mit Beeinträchtigung gehabt zu haben. Die Tatsache, Teil eines Tandems bzw. Programms von Studierenden mit Behinderungserfahrung zu sein, war für die meisten Teilnehmenden neu. Einige Teilnehmende beschreiben ihre anfängliche Unsicherheit anderen Studierenden mit Beeinträchtigung gegenüberzutreten. Gleichzeitig benennen sie die Möglichkeit ein Lernumfeld im geschützten Rahmen erhalten zu haben und bewerten dieses als hochgradig positiv. Aussagen wie „Endlich bin ich nicht mehr der bunteste Vogel" oder „Hier ist es normal, nicht normal zu sein" verdeutlichen diese Bewertung. Das Bestreben, sich an die Norm der vermeintlich Nichtbehinderten anzupassen, ist allen vertraut und ein zentrales Element der gemeinsamen Reflexion.

Gerade zu Beginn des Studiums lässt sich beobachten, dass aus der Notwendigkeit heraus, sich in die Universität als neues Lern- und Arbeitsumfeld einzufinden, der Vergleich zur Schule als bekanntem und bisherigen Kontext herangezogen wird. Das Vorhandensein individuell ausgerichteter Angebote und barrierefreier Strukturen weckt bei vielen ein Bewusstsein dafür, was in der Vergangenheit gefehlt hat. Dies führt

zu einer Neuinterpretation: weg von persönlichen Defiziten hin zur Identifizierung struktureller Benachteiligungen und Diskriminierungen.

Methoden und Übungen der biografischen Gruppenarbeit haben sich
in diesem Zusammenhang bewährt. Fragen, Stichworte oder Inspirati-
onskarten regen zur Gruppendiskussion über das Studium betreffende
Themen an, wie z. B. Stundenplangestaltung, Nachteilsausgleich, Orientierung auf dem Campus, etc. Aber auch Erfahrungen, die im Zusammenhang mit einer Beeinträchtigung stehen und in verschiedenen Lebens-
bereichen der Teilnehmenden verortet sind, werden benannt (Schule,
Wohnen und Freizeit oder Unterstützung aus dem familiären Umfeld).
Insbesondere die beiden Methoden des Feedbacks und des Sharings
finden hier in den angeleiteten Gruppendiskussionen Einsatz (Ruhe,
2003). So wird eine ressourcenorientierte Kommunikation über den Umgang mit der eigenen Beeinträchtigung bzw. Behinderungserfahrungen
ermöglicht.

Schulbiografie
Die Mentees äußern wiederholt, in der Vergangenheit kaum oder keinen Kontakt zu anderen Schüler*innen mit Beeinträchtigung gehabt zu
haben. Dies trifft insbesondere auf inklusiv beschulte Teilnehmende
zu, die einen immer größer werdenden Anteil der Gruppe bilden. Das
Spektrum der Reflektion der eigenen Schulbiografie reicht von „eigentlich ganz ok" bis hin zu „traumatische Zeit". Einigkeit besteht unter den Teilnehmenden, dass eine Auseinandersetzung mit dem Thema
Behinderung nicht bzw. sehr unzureichend stattfand. Role Models im
ausgewiesenen Sinne standen nicht zur Verfügung. Beschrieben wird,
dass potenziell beeinträchtigte Lehrkräfte nicht zu erkennen sind oder
beispielsweise durch das Tragen eines Hörgerätes zu erkennen waren,
dies aber nicht thematisierten. Auch Mitschüler*innen in einer mit der
eigenen Situation vergleichbaren Lage werden vermisst. Beschrieben
wird, dass Beeinträchtigung im inklusiven Schulkontext stets die Aus-
nahme von der Regel darstellt, die Abweichung von der Norm oder einfach nur einen persönlichen, defizitären Zustand, den es auszugleichen
oder zu ignorieren gilt. Mobbingerfahrungen werden vielfach beschrieben, einhergehend mit dem Bestreben, die eigenen Bedarfe möglichst
nicht zu zeigen, um nicht noch mehr ausgegrenzt zu werden. Demgegen-

über erleben diese Schüler*innen den sozialen Umgang miteinander an der Hochschule als diversitätssensibler. „Hier wird darüber gesprochen statt geschwiegen", lauten Formulierungen, die in Bezug auf das DoBuS-Mentoring im Vergleich mit der eigenen Schulbiografie ebenso fallen, wie der Ausspruch: „[Hier ist] es normal, verschieden zu sein".

*Studierende mit Behinderung als Expert*innen in eigener Sache*
Im DoBuS-Mentoring sind Mentees und Mentor*innen Expert*innen in eigener Sache und reflektieren in der Auseinandersetzung miteinander die eigene Behinderungserfahrung. Gemeinsam eine Vorstellung vom Bild der doppelten Expert*innen zu entwickeln ist Teil der Reflexion. Im Rahmen des Mentoringprogramms lässt sich feststellen, dass Teilnehmende von einem Zuwachs an Selbstbewusstsein sprechen. Weiter benennen sie ihr verändertes Bewusstsein für ein *Recht* auf ein chancengleiches Studium. Dieses gewachsene Selbstbewusstsein interpretieren sie als Folge einer Teilnahme am DoBuS-Mentoringprogramm. Hier darf vermutet werden, dass Mentees mit Zunahme an fachlicher Kompetenz im Studium einerseits, und dem reifenden Bewusstsein für strukturelle Behinderungen andererseits, sensibler werden für die eigene doppelte Expertise. Ein Großteil der Mentees engagiert sich inzwischen als Mentor*innen und teilt so erworbene Kompetenzen mit den folgenden Jahrgängen von studieninteressierten Schüler*innen mit Behinderungen und chronischen Erkrankungen.

5 Zusammenfassung und Ausblick

Der Auftrag zur Schaffung einer Hochschule für Alle beginnt bereits am Übergang Schule / Hochschule (Drolshagen & Franz, 2019). Wie wichtig die Überführung der Bedarfe von Studieninteressierten mit Behinderungen und chronischen Erkrankungen ist, zeigen die Ergebnisse der best2 Studie (DSW, 2018). Das Übereinkommen über die Rechte von Menschen mit Behinderungen benennt explizit die Verantwortung von Hochschulen zur Realisierung chancengleicher Studienbedingungen und schlägt Angebote zur Unterstützung an den Schnittstellen Schule / Hochschule bzw. Hochschule / Beruf vor. Die Bedeutung, die hier der Unterstützung durch Peers zukommt, wird in Artikel 24 und 26 der UN-BRK explizit hervorgehoben (Vereinte Nationen, 2008).

Mentoringprogramme für Studierende mit Behinderungen und chronischen Erkrankungen bereichern bestehende Beratungsformate an Hochschulen um ein innovatives Angebot. Im DoBuS-Verständnis werden Studieninteressierte bzw. erfahrene Studierende aus ihren Rollen als Mentees und Mentor*innen zu Akteur*innen an Hochschulen, die aktiv und in mehrfacher Hinsicht an der Ermöglichung einer gleichberechtigten Teilhabe von Studierenden mit Behinderung an Hochschulbildung mitwirken. Die Etablierung von Mentoring Formaten kann dementsprechend eine vielversprechende Option sein, die aktive Einbeziehung von Studierenden mit Behinderung als Expert*innen in eigener Sache während des gesamten Studienverlaufs zu realisieren: *Vor* dem Studium, *im* Studium und *nach* dem Studium. Dieser Argumentation folgend hat DoBuS im Wintersemester 22/23 begonnen, das DoBuS-Mentoring auf die Studienphase Übergang Hochschule / Beruf mit der Zielgruppe Absolvierende im Lehramt auszuweiten. Die steigende Nachfrage seitens der Studierenden, aber auch anderer Hochschulen, darf als Indikator für ein innovatives und erfolgreiches Mentoringprogramm gewertet werden.

Eine Implementierung, Erweiterung und Verstetigung von Mentoring Formaten im gesamten Studienverlauf an Hochschulen bundesweit ist aus unserer Sicht unbedingt empfehlenswert. So kann zukünftig ein weiterer Schritt zur Gestaltung einer *Hochschule für alle* und zu einem chancengleichen Studium gelingen.

Literatur

Bender, C. & Janhsen, V. (2022). Lehren und Lernen im Kontext der UN-Behindertenrechtskonvention. Behinderungserfahrungen als Ressource im Kontext einer inklusionsorientierten Lehramtsausbildung. In: E. Ballhorn, C. Neuhäuser & B. Welzel (Hrsg.), *Inkarnation // Dekarnation* (S. 96–107). Vallendar: Schönstatt.

Deutsches Studentenwerk (Hrsg.). (2018). *Beeinträchtigt studieren – best2. Datenerhebung zur Situation Studierender mit Behinderung und chronischer Krankheit 2016/17*. Berlin: Köllen Druck + Verlag GmbH, Verfügbar unter: https://www.studierendenwerke.de/fileadmin/api/files/be-eintraechtigt_studieren_2016_barrierefrei.pdf

Drolshagen, B. & Franz, A. (2019). Der Weg zu einer Hochschule für Alle am Beispiel der TU Dortmund. In: P. Tolle, A. Plümmer & A. Horbach (Hrsg.), *Hochschule als interdisziplinäres barrierefreies System* (S. 42–59). Kassel: University Press.

Forum Mentoring. (2014). *Mentoring mit Qualität. Qualitätsstandards für Mentoring in der Wissenschaft.* Verfügbar unter: https://forum-mentoring.de/mentoring/qualitaetsstandards/, Stand Januar 2023

Fritz, A. & Schmidt, F. (2019). Definition und Formen von Mentoring. In: A. Fritz & F. Schmidt (Hrsg.), *Mentoring an Hochschulen* (S. 11–18). özbf/Bundesministerium Bildung, Wissenschaft und Forschung (Österreich).

Hildegardis Verein. (Hrsg.). *Mentoringprogramm für Studentinnen mit Behinderung.* Verfügbar unter: https://www.hildegardis-verein.de/studentinnen-mit-behinderung.html

Mayring, Ph. (2015). *Qualitative Inhaltsanalyse. Grundlagen und Techniken.* (12. Aufl.). Weinheim: Beltz.

Pankofer, S. (2016). Empowerment. Eine Einführung. In: T. Miller & S. Pankofer (Hrsg.), *Empowerment konkret! Handlungsentwürfe und Reflexionen aus der psychosozialen Praxis* (S. 7–22). Berlin: de Gruyter Oldenbourg. https://doi.org/10.1515/9783110509861-003

Ruhe, H. G. (2003). *Methoden der Biographiearbeit: Lebensspuren entdecken und verstehen.* Weinheim: Beltz-Verlag, (i.D.).

Vereinte Nationen. (2008). *Übereinkommen über die Rechte von Menschen mit Behinderungen.* Verfügbar unter: www.netzwerk-artikel-3.de/un-konv/doku/un-konv-de.pdf

Ziegler, A. (2009). Mentoring. Konzeptionelle Grundlagen und Wirksamkeitsanalyse. In: H. Stöger, A. Ziegler & D. Schimke (Hrsg.), *Mentoring: Theoretische Hintergründe, empirische Befunde und praktische Anwendungen* (S. 7–30). Lengerich: Pabst.

Audiodeskription und Untertitelung in der Hochschullehre

Abbau von Barrieren orientiert am Dortmunder Arbeitsansatz

Finnja Lüttmann, Leevke Wilkens & Christian Bühler

1 Einleitung

In Artikel 24 der UN-Behindertenrechtskonvention ist das Recht auf Bildung für Menschen mit Behinderungen festgeschrieben (United Nations (UN), 2006). Es ist der Auftrag der Hochschulen, ein inklusives Bildungssystem sicherzustellen und übergreifend eine „Hochschule für Alle" zu verwirklichen (HRK, 2009). Deshalb müssen verschiedene Maßnahmen durchgesetzt und Strukturen verändert werden. Die Gestaltung von barrierefreien Lehr- und Lernmedien ist ein wesentlicher Bestandteil einer „Hochschule für Alle".

Grundsätzlich werden an Hochschulen sehr vielfältige Lehr- und Lernmedien eingesetzt. Persike (2020) konstatiert, dass Lernvideos mittlerweile zu den wichtigsten Medien im Hochschulkontext gehören. In der Arbeit mit Videos stoßen Studierende mit Behinderungen aber auf Schwierigkeiten, wenn diese nicht barrierefrei gestaltet sind. Ausgehend von diesem Problem wurde, orientiert am Dortmunder Arbeitsansatz (siehe Bender, Bühner & Drolshagen in diesem Band), ein Lösungsmodell entwickelt, das allen Studierenden die Möglichkeit bietet, von den eingesetzten Lehr-/Lernvideos zu profitieren. Dieser neue Lösungsansatz entstand im Kontext des Projekts DEGREE 4.0 „Digitale reflexive Lehrer*innenbildung 4.0: videobasiert – barrierefrei – personalisiert" (Degree 4.0, 2022). Gegenstand des vom Bundesministerium für Bildung und Forschung finanzierten Projekts ist die Entwicklung und Beforschung einer digitalen Lernplattform zur Förderung der Reflexionsfähigkeit im Lehramtsstudium. Die beteiligten Fachdidaktiken (Deutsch,

Mathematik, Informatik und Musik) konzipieren und erproben videoba-sierte Aufgabenformate, die das Prinzip der reflexiven Lehrer*innen-bildung berücksichtigen. Die Barrierefreiheit und Adaptivität, sowohl der entwickelten Plattform als auch der Videos, sind zentraler Arbeits-schwerpunkt des Teilprojekts Rehabilitationswissenschaften, das vom Fachgebiet Rehabilitationstechnologie und dem Bereich Behinderung und Studium (DoBuS) im Zentrum für HochschulBildung verantwortet wird. In diesem Beitrag wird gezeigt, wie die Projektarbeit in DEGREE dazu geführt hat, dass ein barrierefreier Videoplayer Einzug in die digi-tale Hochschullehre der TU Dortmund und die Erstellung barrierefreier Videos Einzug in die Arbeit von DoBuS gefunden haben.

2 Entwicklung eines Angebots zur Erstellung barrierefreier Videos orientiert am Dortmunder Arbeitsansatz

Videos gehören inzwischen zu den wichtigsten Lehr-/Lernmedien im Hochschulkontext (Persike, 2020). Ihnen werden auf der einen Seite einige Vorteile zugesprochen, z. B. die erhöhte Flexibilität des Lernens durch den flexiblen Einsatz während unterschiedlicher Zeiten an un-terschiedlichen Orten, in beliebiger Geschwindigkeit, die unbegrenzten Möglichkeiten der Wiederholung und ein höheres Engagement der Stu-dierenden (Dinmore, 2019). Auf der anderen Seite müssen die Videos barrierefrei gestaltet sein, damit die Potenziale und Vorteile von Videos allen Studierenden zugutekommen. Das ist in der Hochschullehre häufig nicht der Fall. Videos und auch Videoplayer sind nicht für alle Studieren-den zugänglich. Der Dortmunder Arbeitsansatz (siehe Bender, Bühner & Drolshagen in diesem Band) ist eine geeignete Methode, um auf solche Probleme reagieren zu können. Ziel des Dortmunder Arbeitsansatzes ist es, Barrieren und Benachteiligungen nach einem klar definierten Schema abzubauen und dadurch verbesserte Strukturen an der Univer-sität zu schaffen, um die individuelle Studiensituation der Studierenden mit Behinderungen zu verbessern.

Im Projekt DEGREE 4.0 wurde dieser Ansatz von Beginn an verfolgt. Im Kontext einer videobasierten, digitalen Lehrer*innenbildung ergibt

sich damit die Notwendigkeit sowohl die Abspiel- und Bearbeitungs-
möglichkeiten der genutzten Videos als auch die Videos selbst barrierefrei mit Untertiteln und Audiodeskription zu gestalten. Nur so werden
Studierende mit Seh- und Hörbeeinträchtigung nicht von der Arbeit mit
Videos im Hochschulkontext ausgeschlossen. Dem Dortmunder Arbeitsansatz folgend wird auf individueller als auch auf struktureller Ebene
nach Lösungen gesucht.

Abbildung 1: Dortmunder Arbeitsansatz – Videos in der Hochschullehre (eigene
Darstellung angelehnt an Bender, Bühner & Drolshagen in diesem Band)

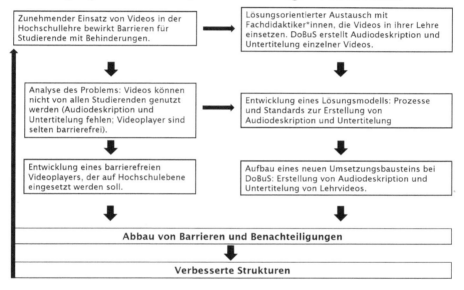

Auf struktureller Ebene ergibt sich daraus die Anforderung, einen barrierefreien Videoplayer bereitzustellen, der die Möglichkeit bietet, nicht
nur die Videos abzuspielen, sondern auch entsprechend der Aufgabenstellung zu bearbeiten. Im Projekt DEGREE 4.0 wurde eine Lernplattform
entwickelt, die diesen Anforderungen entspricht.

Um Studierenden mit Seh- oder Hörbeeinträchtigungen barrierefreie
Videos bereitstellen zu können, wurde zunächst in engem Austausch
mit den am Projekt beteiligten Fachdidaktiken nach Einzelfalllösungen
gesucht. Diese Lösungsstrategien müssen zum einen ermöglichen, dass
den Anforderungen der Studierenden an Barrierefreiheit entsprochen
wird und zum anderen müssen der didaktische Ansatz der Lehrenden

und die Praktikabilität berücksichtigt werden. Um zeitnah individuelle Lösungen zu ermöglichen, hat DoBuS zu Beginn des Projekts die Umsetzung der im Projekt genutzten Videos übernommen. Um die Qualität der entstandenen Produkte stetig zu verbessern, wurde der gemeinsame Austausch mit den Fachdidaktiker*innen stets beibehalten und in Übergabegesprächen systematisiert. Auf Grundlage dieser Einzelfalllösungen wurde bei DoBuS ein spezifisches Angebot entwickelt und verstetigt. Im Folgenden werden die Anforderungen an Untertitelung und Audiodeskription bezogen auf Lehr-/Lernvideos dargestellt und es wird gezeigt, wie diesen Anforderungen auf didaktischer- und auf Prozessebene entsprochen wird.

2.1 Audiodeskription und Untertitelung von Videos im Hochschulkontext

Das neu entwickelte, spezifische Angebot von DoBuS zielt darauf ab, Audiodeskription und Untertitelung von Lehr- und Lernvideos zu erstellen. In Folgenden werden zum einen die allgemeinen Anforderungen an Untertitel und Audiodeskription vorgestellt und zum anderen wird gezeigt, wie diese Anforderungen im Kontext von Videos in der Hochschullehre erweitert und angepasst werden müssen. Untertitel und Audiodeskription spielen gleichermaßen eine Rolle bei der Gestaltung barrierefreier Videos, wobei die Erstellung von Audiodeskription die größere Herausforderung darstellt.

Untertitel für Menschen mit Hörbeeinträchtigung (SDH) sind die Verschriftlichung der Tonspur im Video. Es werden sowohl die Dialoge als auch paraverbale Kommunikation und Geräusche oder Musik verschriftlicht. Dabei wird versucht dem Wortlaut des Dialogs so genau wie möglich zu entsprechen, es sind allerdings zugunsten der Lesbarkeit auch Kompromisse notwendig (Mälzer & Wünsche, 2019).

Die Audiodeskription für Menschen, die das Video nicht sehen können, ist die akustische Beschreibung der visuellen Elemente eines Films/Videos. Für die Erstellung einer Audiodeskription müssen die zentralen Fragestellungen: „Wer, Wo, Was, Wann?" beantwortet werden (Norddeutscher Rundfunk, 2019). Dabei müssen die Beschreibungen kurz und prägnant sein, damit diese in die Tonpausen des Videos eingefügt werden können und sich nicht mit Dialogen oder inhaltstragenden Geräuschen überlappen (Benecke, 2014; Vercauteren, 2007). Das Ziel ist es Menschen, die ein Video oder einen Film über eine Audiodeskription wahrnehmen, möglichst das gleiche Erlebnis zu ermöglichen wie denjenigen, die die Audiodeskription nicht nutzen (Benecke, 2014).

Für die Erstellung von Audiodeskription und Untertitelung werden zumeist Standards für Spielfilme verwendet, z.B. die „Vorgaben für Audiodeskription", die durch die Verständigung der neun Landesrundfunkanstalten, der Deutschen Hörfilm gGmbH, Hörfilm e.V. und audioskript (Norddeutscher Rundfunk, 2019) entstanden sind oder die Untertitel-Standards, ebenfalls von den neun Landesrundfunkanstalten (Das Erste, 2020). In einer Analyse von öffentlich-zugänglichen Webseiten von nationalen und internationalen Hochschulen / Universitäten konnte herausgestellt werden, dass die Hochschulen / Universitäten zwar einige Informationen über barrierefreie Videos zur Verfügung stellen, es aber deutlich mehr Informationen zur Erstellung von Untertiteln als zu Audiodeskription gibt. Der Fokus lag dabei vor allem auf Erklärvideos oder Vorlesungsaufzeichnungen (Wilkens & Bühler, 2022). In Deutschland werden an den Hochschulen in der Regel bisher keine barrierefreien Videos in der Lehre eingesetzt. Ein Grund dafür könnte sein, dass es bislang keine Verfahren und Standards zur Erstellung von Audiodeskription und Untertitelung im Hochschulkontext gibt. Wie Hughes, Orero und Rai (2021) verdeutlichen, macht es wenig Sinn, die Standards zur Erstellung auf andere Genres anzuwenden. Daran anlehnend liegt die Vermutung nahe, dass auch die Verwendung von Standards bzw. Vorgaben, die für das Fernsehen entwickelt wurden, in einem anderen Anwendungskontext, hier der Hochschule, sich nicht ohne weiteres auf die Erstellung von Lehr-/Lernvideos übertragen lassen.

2.2 Didaktische Aspekte bei der Erstellung von Audiodeskription

Im Rahmen des DEGREE 4.0 Projektes wurde deutlich, dass die Gestaltung von barrierefreien Videos im Hochschulkontext kein einfacher Übersetzungsprozess ist. Insbesondere bei sogenannten Demonstrationsvideos, also Videos, die kein inhärentes Lernziel haben, sondern sich dieses erst aus dem Zusammenspiel von Aufgabe und Video ergibt (Persike, 2020), ist die Erstellung von Audiodeskription eine besondere Herausforderung. Beispiele für solche Demonstrationsvideos sind Unterrichtsaufnahmen oder Aufnahmen von sozialen Interaktionen etc. (ebd.).

Die zentralen Fragestellungen des „Was muss beschrieben werden" und des „Wann kann die Beschreibung eingefügt werden" stellen wesentliche Herausforderungen dar. Als Konsequenz wurden im Verlauf der ersten Projektphase drei Varianten von Audiodeskription entwickelt:

1. die klassische Audiodeskription,
2. die erweiterte Audiodeskription und
3. das schriftliche Transkript.

Die „klassische" Audiodeskription wird in die vorhandenen Tonpausen eingefügt – diese Art von Audiodeskription ist möglich, wenn das vorliegende Video visuell nicht sehr dicht ist, da z. B. nur zwei Personen miteinander interagieren. Für die „erweiterte" Audiodeskription werden vorhandene Tonpausen durch das Einfügen von Standbildern verlängert, um mehr Platz für die Beschreibung zu schaffen. Das ist vor allem bei komplexem visuellem Geschehen notwendig, wie z. B. Klassensituationen. Als dritte Variante wurde eine „schriftliche Transkription" entwickelt – hier müssen komplexe visuelle Elemente beschrieben werden, wie beispielsweise ein Quellcode, der von den Studierenden analysiert werden muss (Lüttmann & Wilkens, 2022; Wilkens, Heitplatz & Bühler, 2021).

Neben der Entscheidung, welche Variante der Audiodeskription erstellt wird, entsteht ein Spannungsfeld zwischen Barrierefreiheit und Didaktik. Dieses besteht darin, dass die fachfremden Beschreiber*innen

a) nichts vorwegnehmen dürfen, was die Aufgabenstellung bereits beantworten könnte und
b) gleichzeitig alle Inhalte vollumfänglich in der Audiodeskription beschreiben müssen, damit die Aufgabe auch von Studierenden mit Blindheit und Sehbeeinträchtigung bearbeitet werden kann (Wilkens, Bühler & Bosse, 2020).

Während des ganzen Prozesses ist es damit durchgehend notwendig sich mit den jeweiligen Lehrenden auszutauschen, um schlussendlich eine Audiodeskription erstellen zu können, die dem geplanten Videoeinsatz entspricht.

2.3 Der Prozess der Erstellung

Auf Grundlage eben dieser Erkenntnis, dass die Erstellung von Audiodeskription eine komplexe didaktische Aufgabe ist, die mehrere Feedbackschleifen und Überarbeitungen benötigt, wurden im Laufe des Projekts DEGREE 4.0 zwei Workflows zur Erstellung von Audiodeskription und Untertitelung von Videos erstellt. Ein Workflow beschreibt die Zusammenarbeit von DoBuS und den Lehrenden im Detail (Wilkens, Lüttmann & Bühler, 2023).

Der zweite Workflow bezieht sich auf die Aufgaben der umsetzenden Personen, die in Zusammenarbeit Audiodeskription und Untertitelung erstellen. Dieser wird im Folgenden vorgestellt.

Der Workflow bezieht sich auf das Beispiel eines ca. 25-minütigen Demonstrationsvideos mit guter Qualität. Die Qualität der Videos ergibt sich zum einen aus der Tonqualität (Videos können schneller untertitelt und audiodeskribiert werden, wenn Sprechende verstanden und direkt zugeordnet werden können) und zum anderen aus der Bildqualität (Videos können schneller audiodeskribiert werden, wenn Abläufe und Handlungen eindeutig sind). Es hat sich außerdem gezeigt, dass es bei der Umsetzung der Videos hilft, wenn die handelnden und sprechenden Personen im Video kontrastreiche Kleidung tragen. Haben vier Studierende beispielsweise verschiedenfarbige Pullover an, können die Farben für die Sprecherzuordnung genutzt werden: Studentin rot, Student grün, Studentin gelb und Student blau. Das ist nicht nur für die Untertitelung sinnvoll, sondern auch in der Audiodeskription „Studentin gelb schreibt etwas an die Tafel".

Grundlage des Workflows ist der Austausch zwischen Beschreiber*innen und den Auftraggeber*innen (meist Lehrende). Damit die Beschreiber*innen alle Informationen haben, die für die Erstellung von Audiodeskription und Untertitelung benötigt werden, wird ein schriftliches Frageraster genutzt, das die Lehrenden ausfüllen. Beispielsweise wird

Abbildung 2: Workflow zur Erstellung barrierefreier Videos

abgefragt, wie die Aufgabenstellung lautet, welches didaktische Ziel das Video verfolgt und ob es Zusatzmaterial gibt. Nachdem das Video und das Frageraster bei DoBuS eingetroffen sind, verschaffen sich die Beschreiber*innen zunächst einen Überblick über Umfang und Aufwand des Auftrags und geben den Lehrenden dann eine Rückmeldung zum zeitlichen Rahmen. Danach wird von einer*einem der Bearbeiter*innen ein erstes Skript der Audiodeskription erstellt. Zeitgleich wird in einem Textdokument ein Videotranskript erstellt, das später die Grundlage für die Untertitel ist, aber noch keine Zeitangaben enthält. Grund dafür ist die Tatsache, dass bei einer „erweiterten Audiodeskription" das Originalvideo verlängert wird. Untertitelungen orientieren sich aber an den Zeitmarken im Video, sodass es entsprechend notwendig ist, die Erstellung der Untertitelung der Erstellung der Audiodeskription nachzuschalten und zunächst nur ein Transkript ohne Zeitangaben zu erstellen.

In der darauffolgenden Woche wird die schriftliche Audiodeskription von der*dem zweiten Beschreiber*in gegengelesen und dann untereinander besprochen. Eine Voraussetzung, die bei der Erstellung von Audiodeskription gegeben sein sollte, ist die Zusammenarbeit von mindestens zwei Personen, die die angefertigten Audiodeskriptionsskripte, also die schriftliche Beschreibung, jeweils gegenlesen. Im besten Fall hat zunächst nur die Beschreiber*in, die das Skript erstellt, das Video gesehen. Denn durch das wiederholte Betrachten der Szenen können sich (logische) Fehler einschleichen. Hinzu kommt, dass jede*r Beschreiber*in mit einem individuellen Set aus Erfahrungen, Wissen und Einstellungen entscheiden muss, welche Szene in welcher Pause wie beschrieben wird (Benecke, 2014). Das Audiodeskriptionsskript wird dann außerdem an die Lehrenden weitergegeben und ein erstes Feedback eingeholt. Dieser Schritt hat sich als sinnvoll erwiesen, damit in späteren Schritten weniger Korrekturen notwendig sind.

In Schritt 5 werden aus dem Audiodeskriptionsskript mit einer text-to-speech-Software Audiodateien erstellt. Das Einsprechen der Audiodeskription wird aus Kapazitätsgründen von DoBuS nicht angeboten. Mit entsprechender Software, bei DoBuS ist es Natural Readers, können die Audiodateien ressourcensparend erstellt werden. Sobald die Audiodeskription in das Video eingefügt wurde, kann die Untertitelung erstellt werden. Für beide Arbeitsschritte werden ca. 1–2 Wochen angesetzt. Im Optimalfall werden die erstellten Produkte mit sehbeeinträchtigten oder blinden sowie hörbeeinträchtigten Personen besprochen, um die Nutzendenperspektive einzubringen.

Eine nächste Feedbackschleife von 1–2 Wochen bezieht die Lehrenden mit ein, die die Möglichkeit haben, das erstellte Video zu sichten und Überarbeitungsbedarf anzusprechen. Nach einer erneuten Überarbeitung gibt es verschiedene technische Möglichkeiten der Einbindung von Audiodeskription und Untertitelung in das Video. Sie können fest „eingebrannt" werden, dann sind sie nicht zu- oder abschaltbar. Wenn ein Videoplayer die Funktionen bietet, sollten jedoch unbedingt einzelne Dateien für Audiodeskription und Untertitelung erstellt werden, die dann eingebunden werden. Dann haben alle Nutzenden die Möglichkeit Audiodeskription bzw. Untertitelung je nach Bedarf zu- und abzuschalten. Zum Schluss wird das finale Video an die Lehrenden verschickt.

Zusammenfassend lässt sich sagen, dass es nicht möglich ist, eine pauschale Einschätzung zu geben, wie viel Zeit der Umsetzungsprozess in Anspruch nimmt. Die Dauer der einzelnen Schritte des Workflows variiert je nach Länge, Qualität und visueller Dichte der Videos sowie Personalressourcen und -erfahrung. Die barrierefreie Umsetzung von Videos in der Hochschullehre umfasst dabei technische, organisatorische und inhaltliche Herausforderungen, die miteinander in Einklang gebracht werden müssen.

2.4 Konsequenzen für den Bereich barrierefreie Medien von DoBuS

Die von DoBuS angebotene Umsetzung von Studienmaterialien wurde bislang von Studierenden mit Sehbeeinträchtigung und Blindheit und zu einem geringen Teil auch von Studierenden mit anderen Lesebeeinträchtigungen in Anspruch genommen. Dabei identifizieren die Mitarbeitenden zunächst in Gesprächen mit den Studierenden die individuellen Bedarfe, die in den Adaptionen des Lehrmaterials berücksichtigt werden. Danach setzen die Mitarbeitenden des Bereichs barrierefreie Medien die Studienmaterialien um und leiten diese direkt an die Studierenden weiter. Neben der barrierefreien Erstellung von Lehrmaterialien werden auch Prüfungsmaterialien in barrierefreie Formate umgesetzt (ausführliche Informationen zum Bereich barrierefreie Medien auf der DoBuS-Webseite[1]).

Durch die Arbeit im Projekt DEGREE 4.0 konnte das Angebot des Bereichs barrierefreie Medien um die Erstellung von barrierefreien Videos erweitert werden. Das Angebot umfasst nun auch die Erstellung von Audiodeskription und Untertitelung. Dadurch wurde auch die Zielgruppe erweitert, sodass mittlerweile auch Studierende mit Hörbeeinträchtigungen das Angebot nutzen können.

Nach der Etablierung des neuen Angebots ist es nun wichtig, es bei Lehrenden und Studierenden noch bekannter zu machen. Dabei ist es notwendig den Lehrenden zu verdeutlichen, dass es für sie eine große Arbeitserleichterung ist, wenn DoBuS die Adaption der Videos übernimmt, die Umsetzung von Videos allerdings Vorlaufzeit und einen engen Austausch benötigt. Alternativ haben die Lehrenden auch die Möglichkeit Videos selbst barrierefrei zu gestalten. Insbesondere einfache Umsetzungen, wie Untertitelungen, können von Lehrenden gut selbst vorgenommen werden. DoBuS bietet im Rahmen von Workshops die Möglichkeit zu lernen, wie mit Hilfe von Tools schnell und effektiv Untertitel angefertigt werden können.

Um dies zu erleichtern, wird seit 2021 probeweise ein hochschulweit nutzbares Stundenkontingent für die automatisierte Erstellung von Un-

---

1 www.dobus.tu-dortmund.de

tertitelungen mit der Software „Amberscript" (Amberscript Global B.V., o.J.) zur Verfügung gestellt. Für Live-Veranstaltungen kann hochschulweit die Software „Eve" (Eve, o.J.) genutzt werden, die Sprache synchron in Text umwandelt.

Auf Seiten der Studierenden sollte ein Bewusstsein geschaffen werden, dass sie auch bei der Arbeit mit Videos in der Lehre ein Recht auf chancengleiche und gleichberechtigte Teilhabe haben. Sie sollten ermutigt werden gegenüber den Lehrenden und DoBuS ihren Bedarf an Untertiteln oder Audiodeskription zu äußern. Erst, wenn der Bedarf geäußert ist, kann DoBuS aktiv werden und im Sinne angemessener Vorkehrungen für einzelne Videos Untertitelung oder Audiodeskription erstellen. Dabei steht der Umfang der Aufträge, der bearbeitet werden kann, immer in Abhängigkeit der zur Verfügung stehenden Ressourcen.

3 Ausblick und Fazit

Das Projekt DEGREE 4.0 ist im August 2022 nach Abschluss der ersten, in die zweite Förderphase, DEGREE 5.0, gestartet. Die zweite Phase zeichnet sich dadurch aus, dass das Projektkonsortium um die Universität Duisburg-Essen, die Westfälische-Wilhelms-Universität in Münster und das Zentrum für schulpraktische Lehrerbildung (ZfsL) in Dortmund erweitert worden ist. Damit werden erste Schritte in Richtung der hochschulübergreifenden Skalierung unternommen.

Im Zuge der Skalierung wird die zweite Förderphase dafür genutzt, die in DEGREE 4.0 entwickelten Strukturen für die Umsetzung von barrierefreien Videos weiter zu evaluieren und zu überprüfen, inwieweit die Übertragung auf andere Hochschulen möglich ist. Gleichzeitig gilt es, die Nutzendenperspektive noch stärker zu berücksichtigen. Die Nutzendenperspektive wird von zwei Seiten beleuchtet. Zum einen von der Seite der Lehrenden und zum anderen von der Seite der Studierenden. Bislang werden primär Lehrende aus den beteiligten Fachdidaktiken in DEGREE 4.0 in den Umsetzungsprozess involviert und ihre Rückmeldungen bei der Weiterentwicklung berücksichtigt. Auch werden die entstandenen Videos bislang nur in der Lehre der jeweiligen Fachdidaktiken eingesetzt. Die Übertragung auf andere Fächer und auf andere Kontexte, beispielsweise die zweite Phase der Lehramtsausbildung, ist ein Ziel der zweiten Förderphase. Die Perspektive der Studierenden wird ebenfalls noch stärker berücksichtigt. Ein besonderer Fokus wird auf die Perspektive der Studierenden mit Sehbeeinträchtigung und Blindheit gelegt. Potenzielle Fragen sind hier, inwieweit die Bearbeitung der Aufgaben mit der Audiodeskription auf der Plattform möglich ist, aber auch die Akzeptanz der synthetischen Stimme, die für die Audiodeskription verwendet wird, wird erfasst.

Zusätzlich ist es aber auch interessant festzustellen, inwieweit Studierende, die die Audiodeskription nicht für die Bearbeitung der Aufgabe benötigen, von der Audiodeskription profitieren. Erste mögliche Nutzungspotenziale wurden von Lüttmann und Wilkens (2022) herausgearbeitet.

Grundlegend lässt sich sagen, dass die Hochschullehre durch stetige Veränderungen geprägt wird und insbesondere die Digitalisierung neue Chancen aber auch Herausforderungen darstellt (Zorn, 2018). Dementsprechend sollten sich auch Angebote verändern und Barrieren in der Hochschullehre für Studierende mit Beeinträchtigung abgebaut werden. Eine Möglichkeit, wie Forschungsprojekte dafür genutzt werden können diese Strukturen zu verändern, zeigt die Nutzung des Dortmunder Arbeitsansatzes im Projekt DEGREE 4.0. Hier wurden die Überlegungen aus dem Projekt dafür genutzt ein neues Angebot für Studierende zu implementieren und damit einen Beitrag zu leisten, Barrieren und Benachteiligungen im Studium weiter abzubauen.

Förderung

Das diesem Beitrag zugrundeliegende Vorhaben wurde mit Mitteln des Bundesministeriums für Bildung und Forschung unter den Förderkennzeichen 16DHB2130X und 16DHB2217 gefördert. Die Verantwortung für den Inhalt dieser Veröffentlichung liegt bei den Autor*innen.

Literatur

Amberscript Global B.V. (o.J.). *Amberscript: Effiziente Untertitelung und Transkription*. Verfügbar unter: https://www.amberscript.com/de/

Benecke, B. (2014). *Audiodeskription als partielle Translation: Modell und Methode*. Berlin / Münster: Lit.

Das Erste. (2020). *Untertitel-Standards von ARD, ORF, SRF, ZDF*. Verfügbar unter: https://www.daserste.de/specials/service/untertitel-standards100.html

Degree 4.0. (2022). Startseite. Verfügbar unter: https://degree.tu-dortmund.de/

Dinmore, S. (2019). Beyond lecture capture: Creating digital video content for online learning – a case study. *Journal of University Teaching & Learning Practice, 16*(1). https://doi.org/10.53761/1.16.1.7

Eve. (o.J.). *EVE: Automatische Live-Untertitel*. Verfügbar unter: https://start eve.ai/

HRK. (2009). *„Eine Hochschule für Alle": Empfehlung der 6. Mitgliederversammlung am 21.4.2009 zum Studium mit Behinderung/chronischer Krankheit*. Verfügbar unter: https://www.hrk.de/uploads/tx_szconvention/Entschliessung_HS_Alle.pdf

Hughes, C., Orero, P. & Rai, S. (2021). Towards a user specification for immersive audio description. In S. Braun, K. Starr & Kim Starr (Hrsg.), *The IATIS yearbook. Innovation in audio description research* (S.121–134). Abingdon/New York: Routledge. https://doi.org/10.4324/9781003052968-7

Lüttmann, F. & Wilkens, L. (2022). Barrierefreie Videos in der Hochschulbildung – Umsetzung von Audiodeskription und Diskussionsanlässe. *blindsehbehindert, 142*(4), 284–291.

Mälzer, N. & Wünsche, M. (2019). Untertitelung für Hörgeschädigte. In C. Maaß & I. Rink (Hrsg.), *Kommunikation – Partizipation – Inklusion: Band 3. Handbuch Barrierefreie Kommunikation* (S.327–344). Berlin: Frank & Timme GmbH.

Norddeutscher Rundfunk (Hrsg.). (2019). *Vorgaben für Audiodeskription*. Verfügbar unter: https://www.ndr.de/fernsehen/service/audiodeskription/Vorgaben-fuer-Audiodeskriptionen,audiodeskription140.html

Persike, M. (2020). Videos in der Lehre: Wirkungen und Nebenwirkungen. In H. M. Niegemann & A. Weinberger (Hrsg.), *Handbuch Bildungstechnologie. Handbuch Bildungstechnologie: Konzeption und Einsatz digitaler Lernumgebungen* (S.271–301). Berlin, Heidelberg: Springer. https://doi.org/10.1007/978-3-662-54368-9_23

United Nations. (2006). *Conventions on the Rights of Persons with Disabilities and Optional Protocol*. Verfügbar unter: https://www.un.org/disabilities/documents/convention/convoptprot-e.pdf

Vercauteren, G. (2007). Towards a European guideline for audio description. In J. Díaz Cintas, P. Orero & A. Remael (Hrsg.), *Approaches to Translation Studies: v.30. Media for All: Subtitling for the Deaf, Audio Description, and Sign Language* (S. 139–149). Amsterdam: Rodopi. https://doi.org/10.1163/9789401209564_011

Wilkens, L. & Bühler, C. (2022). Accessible Videos in Higher Education – Lost in Translation?! In M. Antona & C. Stephanidis (Hrsg.), *Lecture Notes in Computer Science: Bd. 13309. Universal Access in Human-Computer Interaction. User and Context Diversity: 16th International Conference, UAHCI 2022, Held as Part of the 24th HCI International Conference, HCII 2022, Virtual Event, June 26 – July 1, 2022, Proceedings, Part II* (Bd. 13309, S. 157–171). https://doi.org/10.1007/978-3-031-05039-8_11

Wilkens, L., Bühler, C. & Bosse, I. (2020). Accessible Learning Management Systems in Higher Education. In M. Antona & C. Stephanidis (Hrsg.), *Lecture Notes in Computer Science. Universal Access in Human-Computer Interaction. Applications and Practice* (Bd. 12189, S. 315–328). https://doi.org/10.1007/978-3-030-49108-6_23

Wilkens, L., Heitplatz, V. N. & Bühler, C. (2021). Designing Accessible Videos for People with Disabilities. In M. Antona & C. Stephanidis (Hrsg.), *Lecture Notes in Computer Science. Universal Access in Human-Computer Interaction. Access to Media, Learning and Assistive Envrionments* (S. 328–344). https://doi.org/10.1007/978-3-030-78095-1_24

Wilkens, L., Lüttmann, F. & Bühler, C. (2023). Umsetzung und Einsatz von barrierefreien Videos in der Hochschullehre. In S. Voß-Nakkour, L. Rustemeier, M. Möhring, A. Deitmer & S. Grimminger (Hrsg.), *Digitale Barrierefreiheit in der Bildung weiter denken. Innovative Impulse aus Praxis, Technik und Didaktik* (S. 250–258). Frankfurt am Main: Universitätsbibliothek Johann Christian Senckenberg. https://doi.org/10.21248/gups.62773

Peer Support und Empowerment durch Gruppenangebote für Studierende mit psychischen Erkrankungen oder Aufmerksamkeitsdefizit-Hyperaktivitäts-Störung

Claudia Schmidt

Es gehört bei DoBuS, dem Bereich Behinderung und Studium an der TU Dortmund, zur Arbeitsweise neben den etablierten Wegen, die zu mehr Chancengleichheit im Studium führen sollen, auch neue Angebote zu entwickeln. Dabei sollen sowohl die gesellschaftlichen Entwicklungen als auch die Wünsche der Studierenden berücksichtigt werden (siehe Bender, Bühner & Drolshagen in diesem Band). Dies führte in den letzten Jahren zu speziellen Gruppenangeboten, die im Folgenden dargestellt werden. Ziel ist es dabei, den Lesenden Ideen zu geben, um an der eigenen Hochschule ein Gruppenangebot realisieren zu können.

1 Situation von Studierenden mit einer psychischen Erkrankung oder einer Aufmerksamkeitsdefizit-Hyperaktivitäts-Störung

Der Anteil an Menschen mit psychischen Erkrankungen in der Bevölkerung steigt in den letzten Jahren kontinuierlich. Dies zeigen beispielsweise Veröffentlichungen von Krankenversicherungen: Laut des Arztreportes der Barmer ist zwischen 2005 und 2016 der Prozentsatz der in der Gesamtbevölkerung erkrankten 18 - 25-Jährigen um 38 % gestiegen. 2016 wurde unter den studierenden 18-Jährigen bei 1,4 % erstmals eine Depression diagnostiziert, bei den studierenden 29 - 30-Jährigen waren es 3,9 % (Grobe, Steinmann & Szecsenyi, 2018). Ältere Studierende sind also besonders gefährdet, an einer Depression zu erkranken.

Auch die Umfrage des Deutschen Studierendenwerks best2 aus den Jahren 2016/17 zeigt, dass die Zahl der Studierenden, die sich selbst als von einer psychischen Erkrankung betroffen erachten und sich davon stark im Studium beeinträchtigt fühlen, im Vergleich zur Umfrage best1 aus dem Jahr 2011 von zuvor 45 % auf 53 % gestiegen ist (Deutsches Studentenwerk, 2012, 2018). Auch in der DoBuS-Einzelberatung spiegelt sich das wider. Immer mehr Studierende suchen Beratungen auf, weil sie aufgrund einer psychischen Erkrankung im Studium Schwierigkeiten haben. Etabliert ist es, für Prüfungen Nachteilsausgleiche zu beantragen – in Gesprächen wurde aber auch deutlich, dass das nur ein „Baustein" auf dem Weg zur Chancengleichheit ist. Studierende benennen oft als Schwierigkeit, dass sie niemand Anderen kennen, der oder die in einer ähnlichen Situation ist. Aus der best2-Studie wurde auch deutlich, dass 72 % der psychisch beeinträchtigten Studierenden angeben, dass ihre Beeinträchtigung nicht sichtbar für Andere ist. Bei Studierenden, die sowohl eine psychische als auch eine somatische Erkrankung haben, liegt die Zahl bei 66 % (Deutsches Studentenwerk, 2018). Nach außen hin das Bild aufrecht erhalten zu wollen (oder eben so angesehen zu werden), als ob alles „in Ordnung ist", macht es dann auch schwieriger, sich oder Anderen einzugestehen, dass das Studium möglicherweise nicht so gut läuft. Zudem können sie dann auch nicht erkennen, dass es Anderen auch so geht. Menschen mit Depressionen oder Angsterkrankungen ziehen sich oft von Anderen zurück. Für Studierende bedeutet das, dass sie immer weniger Kontakt zur Studienkohorte haben und immer weniger studieren.

Eine andere Gruppe Studierender sucht auch häufiger als vor 10 Jahren die Beratung auf: Studierende mit Neurodiversität. Im Konzept Neurodiversität werden neurologische Unterschiede als natürliche Variation angesehen und nicht als pathologisch (Fenton & Krahn, 2007). Hierunter fallen Menschen mit einer Autismus-Spektrum-Störung, einer Aufmerksamkeitsdefizit-Hyperaktivitäts-Störung (AD(H)S, im Folgenden ADHS) und Menschen mit Teilleistungsstörungen (Ne'eman, 2011). Fallen in der best1 Studie in die Gruppe der Studierenden, die aufgrund einer Teilleistungsstörung (6 % der Befragten) im Studium eingeschränkt sind, 13 % Studierende mit Störungen der Aufmerksamkeit, Konzentration, Wahrnehmung oder Hyperaktivität, sind in der best2 Studie unter den Studierenden, deren Studium durch eine Teilleistungsstörung erschwert wird (4 % der Befragten) schon 27 % von einer ADHS betroffen (Deutsches Studentenwerk, 2012, 2018). Eine wesentliche Ursache für die erlebten Erschwernisse ist, dass Studierende mit ADHS nicht immer einen Nachteilsausgleich erhalten. Daher wurde besonders für Studierende mit ADHS bei DoBuS eine alternative Lösung gesucht, um Barrieren im Studium zu beseitigen und Chancengleichheit zu ermöglichen.

Ähnlich wie bei Menschen mit psychischen Erkrankungen erleben Menschen mit ADHS vermehrt Herausforderungen im Kontakt zu Anderen. Sie haben häufig Schwierigkeiten in Smalltalk-Situationen, erleben es als anstrengend, sich im Gespräch mit anderen zu konzentrieren oder eine stringente Gesprächsführung beizubehalten (Krause & Krause, 2018). In Gruppenarbeiten stellen sie möglicherweise fest, dass sie für Mitstudierende unzuverlässig wirken, weil sie Termine verpassen – und so kein zweites Mal als Partner*in für Gruppenarbeiten gewählt werden. Die Pandemie machte es auch für diese Gruppe Studierender schwerer, weil sie sich online häufig noch schneller ablenken lassen und die Organisation des Studiums mehr Konzentration zu erfordern schien als im Studium in Präsenz. Wenn Vorlesungen online gehalten werden, ist es oft schwer, nicht gleichzeitig im Browser noch eine andere Internetseite zu öffnen und zu surfen. Auch sich die verschiedenen Plattformen zu merken und im Blick zu behalten, wurde als schwieriger wahrgenommen als verschiedene Räume in der Universität zu finden (siehe auch Haage in diesem Band).

2 Gründe für ein Gruppenangebot

Die beschriebene Situation von Studierenden mit einer psychischen Erkrankung sowie für Studierende mit ADHS war die Grundlage dafür, ein Gruppenangebot exklusiv für diese Zielgruppen zu entwickeln. Aufgrund der unterschiedlichen Bedarfe beider Zielgruppen und deren unterschiedlichem Verständnis ihrer Behinderung als Erkrankung oder Beeinträchtigung fiel rasch die Entscheidung, dass zunächst gemeinsam angelegte Gruppenangebot zugunsten zwei getrennter Gruppenangebote aufzugeben. Zu unterschiedlich waren die von den beiden Zielgruppen eingebrachten Themen. Zudem erwiesen sich das hohe Redebedürfnis und die höhere Unruhe, die die Studierenden mit ADHS in der Gruppe zeigten, als wenig passend für die Gruppenteilnehmenden mit psychischer Erkrankung – die auftretenden Gesprächspausen waren wiederum schwierig für Studierende mit ADHS.

Die Bildung beeinträchtigungshomogener Angebote war für DoBuS neuartig, da die DoBuS-Angebote zuvor umfassend beeinträchtigungsübergreifend angelegt waren, um so das Potenzial zu nutzen, dass der Austausch von Studierenden mit verschiedenen Behinderungserfahrungen ermöglicht. Mit dem behinderungsspezifischen Gruppenangebot wurde dem Wunsch der Studierenden entsprochen, die von homogenen Gruppen erwarteten, Studierende kennenzulernen, die vergleichbare Erfahrungen wie sie selbst im Studium gemacht haben und daher ihre Situation ohne größere Erklärungen verstehen. Durch die Bildung zweier Gruppen konnte ein weitgehend vorurteilsfreies Setting sichergestellt werden, in dem die Teilnehmenden Akzeptanz erfuhren. So mussten Studierende mit einer Depression in der Gruppe, an der ausschließlich Studierende mit psychischer Erkrankung teilnahmen, nicht lange begründen, warum es ihnen schwerfällt, morgens um acht Uhr „fit" zu sein.

Ziel der Gruppenkonstellationen war es, den Austausch untereinander zu erleichtern und die Möglichkeit zu eröffnen, das Verhalten in sozialen Interaktionen zu üben und das eigene Gesprächsverhalten zu reflektieren. Als Folge konnte „Insider-Wissen" über die Studiengänge ausgetauscht werden, was Studierenden, die beeinträchtigungsbedingt in der Regel wenig Kontakt zu Mitstudierenden haben, häufig kaum möglich ist. Außerdem ermöglichte die in der Gruppe angesprochene Vielfalt an Themen aus der Lebenswelt der Teilnehmenden, Anregungen und Impulse zu bekommen, wie die eigene Situation im Studium verbessert werden kann.

Weitere Vorteile von Gruppen sind die gegenseitige Unterstützung, Bestätigung und Bestärkung von Fortschritten und die erfahrene Wertschätzung der Peers. So fiel in der ADHS-Gruppe auf, dass ein Student nie etwas zu trinken dabei hatte. Auf die Frage, wieviel er trinkt, sagte er, dass er den ganzen Tag an der Uni ist und da nie etwas trinken würde, sondern erst abends zu Hause wieder. Die anderen Teilnehmenden wiesen ihn eindrücklich darauf hin, dass Flüssigkeitszufuhr wichtig für die

Konzentration ist. Seitdem brachte er eine Flasche Mineralwasser mit und stellte fest, dass er sich tatsächlich besonders nachmittags besser konzentrieren konnte. Vermutlich wäre dieses Verhalten ohne den Austausch in der Gruppe weder aufgefallen noch zur Sprache gekommen. Es sind oft diese „Nebensächlichkeiten", die einen Unterschied machen.

3 Prinzipien in der Gruppenarbeit

Es gibt einen zentralen Ansatz, nach dem die beiden DoBuS-Gruppenangebote gestaltet werden: das Konzept des Empowerments. Hinzu kommen Grundgedanken aus dem Recovery-Ansatz. In diesem Kapitel werden beide Ansätze kurz vorgestellt und anschließend deren Bedeutung deutlich gemacht.

3.1 Empowerment

Es gibt eine Vielzahl an Feldern, in denen das Empowerment-Konzept eingesetzt wird, eines davon ist der Bereich Selbsthilfegruppen von chronisch kranken Menschen (Pankofer, 2000). Empowerment kann sowohl mit einzelnen Personen als auch in Gruppen stattfinden. Das Wort „Empowerment" zeigt das zentrale Thema auf: Macht. Menschen sollen ermächtigt werden etwas zu tun und die Kompetenz zur Gestaltung des Lebens (zurück) erlangen (Pankofer, 2000).

Im Prozess des Empowerments sollen Menschen dazu gebracht werden bzw. sich selbst dazu bringen, ihre Fähigkeit zur Selbstbestimmung wieder zu entdecken und zu fördern (Lenz, 2002). Die Selbstbestimmung soll gefördert werden, indem Entscheidungsspielräume geöffnet und erweitert werden, aber auch, indem die Lerngeschichten aufgearbeitet werden (Knuf, 2020). Die Eigenaktivität soll gestärkt werden, damit (wieder) Selbstwirksamkeitserfahrungen gemacht werden können. Gerade traumatisierte Menschen erleben oft eine gelernte Hilflosigkeit – sie engagieren sich nicht mehr, weil sie die Erfahrung gemacht haben, dass es ihnen nichts bringt (Knuf, 2020). Das eigene Tempo des Menschen zu akzeptieren und auch zu akzeptieren, wenn Menschen sich gegen eine Veränderung entscheiden, ist dabei selbstverständlich.

Einen guten Überblick über die Entstehung des Empowerment-Konzepts bietet Herriger (Herriger, 2020). Mögliche Prinzipien werden im Online Handbuch Empowerment vom Verein Interessenvertretung Selbstbestimmt Leben dargestellt (Interessenvertretung Selbstbestimmt Leben, o. J.).

Oft ist dabei die Selbststigmatisierung das größte Hindernis auf dem Weg zum Empowerment. Glaubenssätze wie „Ich bin weniger wichtig als andere Menschen" oder „Ich werde nie glücklich" verhindern einen positiven Blick auf die Zukunft. Die Veränderung dieser Selbststigmatisierung ist also ein wichtiges Ziel im Empowerment.

Empowerment geschieht eigentlich durch die Personen selbst, aber auch professionell Arbeitende können Empowermentprozesse fördern, z. B. indem sie Angebote orientiert an den Bedürfnissen der Nutzenden gestalten (siehe Prinzip der Nutzendenorientierung in Bender, Bühner & Drolshagen in diesem Band) und ihre „Expert*innenmacht" teilen (Knuf, 2020).

3.2 Recoveryansatz

Auch Merkmale des Recoveryansatzes werden bei der Gestaltung der Gruppen berücksichtigt. In diesem Ansatz wird die Genesung (besonders von psychischen Erkrankungen) in den Mittelpunkt gestellt. Unter „Genesung" wird hier verstanden, ein zufriedeneres Leben zu führen und negative Einflüsse der psychischen Erkrankung zu minimieren – auch wenn es nicht möglich ist, zu einer Heilung der Krankheit zu kommen (Knuf, 2020). Gesundheit und Krankheit werden nicht als dichotom, sondern als Kontinuum gesehen, als ein andauernder Prozess (Amering & Schmolke, 2012). Auch in diesem Ansatz spielt der Support durch Peers eine große Rolle.

3.3 Bedeutung der Konzepte für das Gruppenangebot

Studierende sollen durch das Gruppenangebot so gestärkt werden, dass sie sich (wieder) für ihre eigenen Anliegen einsetzen können. Gemäß des Arbeitsansatzes von DoBuS sollen die Lösungen, die für die in den Gruppenangeboten bekanntwerdenden Barrieren und die erlebten individuellen Probleme gemeinsam entwickelt wurden, sowohl die Person selbst ermächtigen, ihre Studienangelegenheiten trotz der erlebten Barrieren zu erledigen, als auch den Ausgangsunkt für Anpassungen auf struktureller Ebene bilden. Diese strukturellen Änderungen führen in einem nächsten Schritt dazu, dass zuvor als problematisch erfahrene Situationen als weniger herausfordernd und die eigene Handlungsfähigkeit weniger beeinträchtigt wahrgenommen werden. Ein Beispiel soll dies verdeutlichen:

In den Gruppensitzungen stellte sich die Beantragung von Nachteilsausgleichen als individuell schwierig heraus. Häufig denken die Studierenden, dass keine Berechtigung besteht, etwas „extra" zu bekommen. Auch trauen sich Studierende in Konfliktsituationen mit den bewilligenden Stellen oft nicht, sich für die benötigte und beantragte Form des Nachteilsausgleichs einzusetzen. In der Folge verzichten sie auf ein chancengleiches Studium. In der Gruppe werden die Studierenden einerseits ermutigt, sich um ihre Belange effektiver zu kümmern. Andererseits sind diese Erfahrungen für die DoBuS-Mitarbeitenden der Anlass, gemeinsam mit den zuständigen Akteuren daran zu arbeiten, die strukturellen Bedingungen bei der Beantragung von Nachteilsausgleichen bedarfsgerechter zu gestalten. Bis dies erfolgt ist, unterstützen die DoBuS-Mitarbeitenden die Studierenden weitestmöglich, um es ihnen zeitnah zu ermöglichen, sich (wieder) für ihre Studienangelegenheiten einsetzen zu können.

In Kapitel 4 wird nun erläutert, welche Voraussetzungen die Gruppenleitung erfüllen können sollte, damit die Gruppen gewinnbringend werden.

4 Qualifikationen und Lebenshintergrund der Gruppenleitung

Entsprechend der in der DoBuS-Beratung und Unterstützung eingesetzten Methode des Peer-Counselings (siehe Bender, Bühner & Drolshagen in diesem Band) ist es erforderlich, als Organisator*in der Gruppen jemanden einzusetzen, der*die nicht nur die professionelle Methodik zur Leitung von Gruppenangeboten beherrscht und das psychologische

Hintergrundwissen über die Beeinträchtigungen hat, sondern auch über eigene Behinderungserfahrung verfügt. Hierin besteht ein deutlicher Unterschied zu therapeutischen Ansätzen, in denen Neutralität und Distanz gezeigt werden.

4.1 Psychologisches Grundwissen

Um die Situation, das Denken, Fühlen und die Schwierigkeiten der Studierenden besser einschätzen zu können, erweist sich psychologisches und psychotherapeutisches Wissen als sehr nützlich. Da die Gruppenangebote ausdrücklich kein Therapieangebot sind, ist unseres Erachtens eine psychotherapeutische Ausbildung nicht erforderlich. Da aber immer wieder Fragen in Bezug auf die Erkrankung gestellt werden (und die Antworten durch die anderen Studierenden nicht immer stimmen bzw. hilfreich sind) ist Wissen über Entstehung, Diagnostik, Therapie und Prognosen relevant, um Impulse zu geben.

4.2 Methoden der Gesprächsführung

Methoden aus der Systemischen Therapie und dem Neuro-Linguistischen Programmieren sind in den Gruppen die Methoden der Wahl. Beide Ansätze stellen die Kompetenz und die Fähigkeiten der zu Beratenden in den Vordergrund und passen daher gut zum Ansatz des Empowerments.

Durch zirkuläre Fragen sollen Entscheidungsspielräume vergrößert werden (z.B. wie würde Person x jetzt handeln?). Dies ist wichtig bei Fragen danach, ob das Studium überhaupt fortgesetzt werden soll oder an einer Prüfung teilgenommen werden kann. Auch Reframings werden häufig eingesetzt, um eine neue Bewertung einer Situation, eines Verhaltens oder Gefühls zu erhalten.

Aus dem Blickwinkel heraus, dass die Studierenden die Expert*innen für ihr eigenes Leben sind, werden von ihnen getroffene Entscheidungen wertgeschätzt und akzeptiert. Es muss auch möglich sein dürfen, das Studium abzubrechen. Zu dieser Frage können dann Vor- und Nachteile gesammelt und auch Alternativen zum Studium erarbeitet werden.

4.3 Reflektierte Behinderungserfahrung

Ich habe seit meiner Geburt eine sichtbare Körperbehinderung und daraus entstehend als Spätfolge eine chronische Erkrankung, durch die ich oft (unerwartet) wenig Energie habe. Mein Anblick lässt Menschen viel spekulieren, „was die wohl hat". Vorurteile in Köpfen, die nicht ausgesprochen werden, haben mir viele Barrieren bereitet, besonders im beruflichen Bereich. Diese Barrieren zu nehmen oder zu umgehen hat mich gestärkt und eine positive Grundhaltung entwickeln lassen. In meinen 15 Jahren Berufserfahrung im ambulanten und stationären Setting in der therapeutischen Arbeit (außerhalb der Hochschule) begegneten mir aber auch positive Zuschreibungen, die ich bewusst zu nutzen gelernt habe. Auch in der Arbeit in der Beratung an der Hochschule wird mir von Studierenden, die ich länger begleite, oft gesagt, dass ich ein Vorbild sei und damit Mut gemacht hätte, „es selbst auch zu schaffen". Ich kenne aber auch Grenzen, sowohl in dem, was die aktuelle Gesundheit mir erlaubt als auch, was man in dieser Gesellschaft (allein) schaffen kann.

Knuf (2020) schreibt dazu:

„Professionell Tätige haben hingegen oft gelernt, bewusst eine professionelle Distanz zu wahren und sich mit ihren eigenen Erfahrungen gar nicht oder nur wenig einzubringen. Studien zur Frage, welches professionelle Verhalten Betroffene als hilfreich empfinden, zeigen uns jedoch, dass gerade jene Fachleute als unterstützend erlebt werden, die als Personen spürbar sind und ggf. sogar zu unkonventionellem Verhalten bereit sind […]." (S. 184)

Knuf schreibt weiter (2020):

„Doch auch klassisch professionell Tätige haben eine „Peerfähigkeit", dann nämlich, wenn sie ihre eigenen Erfahrungen mit psychischen Krisen gut reflektieren und sie zum Verständnis ihrer Klienten nutzen und ggf. sogar in den Austausch einbringen. Dabei kann es sich um die Bewältigung von Alltagsschwierigkeiten genauso handeln wie um eigene Krisenerfahrungen. Klienten kommen so in die Lage, die oft vorhandene Idealisierung professionell Tätiger zu reduzieren, was oft die andere Seite des eigenen mangelnden Selbstwertgefühls darstellt. Zudem erleichtert die Selbstoffenbarung professionell Tätiger den Aufbau ei-

ner tragfähigen Arbeitsbeziehung und eines Vertrauensverhältnisses."
(S.152)

Empowerment ist parteilich, ich bin auf der Seite der Studierenden. Damit öffne ich den Weg zum Vertrauen, zur stabilen Beziehung zu den Studierenden. Im Unterschied zu den Studierenden habe ich eine sichtbare Erkrankung, aber wenn ich sage „ich verstehe das" wirkt das mehr, als wenn ein nach außen hin gesunder und distanzierter Mensch dies sagt. Gemeinsam Witze machen zu können, weil man morgens um acht Uhr nicht hochmotiviert ist, stärken den Zusammenhalt und machen die Barrieren besser tragbar. Ich nutze meine Erfahrungen aus eigenen Krisen, die durch Barrieren entstanden sind, um Lösungswege aufzuzeigen.

5 Aufbau der Gruppen und Struktur der Treffen

Die Dauer der Teilnahme an den Gruppenangeboten ist für die Studierenden zeitlich nicht befristet, d.h. einige Teilnehmende sind seit mehreren Jahren dabei. Nach Beendigung des Studiums steht den Teilnehmenden offen, bis zum Berufseinstieg weiterhin dabeizubleiben. So soll vermieden werden, dass die Studierenden mit dem Ausstieg aus dem System Hochschule nicht nur die bisherige Struktur, sondern auch die vielleicht einzigen sozialen Kontakte verlieren. Diese Möglichkeit wird nur selten genutzt, da der Berufseinstieg meist schnell gelingt. Von einigen Teilnehmenden gibt es die Rückmeldung, dass sie ohne die Unterstützung durch die Gruppe ihr Studium vermutlich nicht erfolgreich absolviert hätten.

Beide Gruppen sind thematisch offen, da der Schwerpunkt darauf liegen soll, was aktuell im Leben der Studierenden passiert. Die Gruppenangebote finden auch in der vorlesungsfreien Zeit statt. Einige Studierende empfinden das als Vorteil, denn auch dieser eine Termin hilft, eine Tagesstruktur zu bekommen und eine höhere Bindung an das Studium zu haben. Für Andere ist es zu zeitraubend aufgrund einer längeren Anreise zur Hochschule, sodass sie in der vorlesungsfreien Zeit nicht an den Treffen teilnehmen.

Im Unterschied zu den meisten Angeboten in psychologischen Gruppenberatungen gibt es weder ein Manual, das von Stunde zu Stunde durchgearbeitet wird, noch zu bearbeitende Arbeitsblätter. Studierende mit ADHS berichteten z. B., dass Workshops zum Thema „Prokrastination" für sie nichts gebracht haben, da in diesen Workshops wenig auf spezielle Beeinträchtigungen eingegangen wird.

Zwischen März 2020 bis heute finden beide Gruppen online statt. Deutlich wurde, dass Treffen in Präsenz und Treffen online Vor- und Nachteile haben. Im Jahr 2023 werden die Gruppen ab dem Sommersemester abwechselnd in Präsenz oder online stattfinden, um die Vorteile beider Formate zu nutzen. Gerade für Studierende, die nicht mehr zu Veranstaltungen zur Universität kommen, hat die Teilnahme online den Vorteil, nicht extra anreisen zu müssen. Auch Studierende, die eine soziale Phobie haben, empfinden Treffen online als leichter und bevorzugen dieses Format.

5.1 Gruppe für Studierende mit einer psychischen Erkrankung

Um für die Gruppenteilnehmenden einen sicheren Rahmen zu schaffen, findet mit allen Studierenden, die Interesse haben, ein Vorgespräch mit der Leiterin statt. Studierende mit Traumatisierung haben vielleicht „Tabuthemen". Diese zu kennen ist für die Leiterin wichtig, um die Person im Ernstfall schützen zu können.

Die meisten Studierenden kommen regelmäßig zu den Treffen. Alle haben eine diagnostizierte psychische Erkrankung. Die überwiegend auftauchenden Beeinträchtigungen sind die Depression und verschiedene Angststörungen. Die Gruppe steht auch offen für Studierende, die ein oder mehrere Urlaubssemester haben. Zumindest einmal pro Woche mit Themen aus der Hochschule in Kontakt zu kommen, lässt nicht vergessen, dass es außer der Erkrankung noch andere Themen gibt – und die Verbindung zum Studium bleibt erhalten. Auch der Wiedereinstieg mit allen damit verbundenen Sorgen kann so gut vorbereitet und geplant werden. Für diese spezielle Konstellation (psychisch krank und Studienzeitverzögerung durch Urlaubssemester) bietet sich ebenfalls die Teilnahme am DoBuS-Gruppenangebot für Studierende mit einer Studienunterbrechung an (siehe Bühner in diesem Band).

Die Teilnehmenden haben eine WhatsApp Gruppe gebildet, an der die Leiterin nicht teilnimmt. Über diesen Messenger haben die Studierenden Kontakt außerhalb der Gruppentreffen.

Zu Beginn jedes Treffens wird jeder*jede Teilnehmende zu Wort gebeten, um zu berichten, wie die Woche gelaufen ist. Dadurch ergeben sich immer Themen für die 1,5 Stunden, z. B.:

- Ängste, mit jemandem Kontakt aufzunehmen
- Gefühle der Überforderung
- Realistische Einschätzung der eigenen Kräfte
- Zukunftspläne
- Austausch über Psychiatrieerfahrung

Aus der Erfahrung heraus, langsamer, mit schlechteren Noten oder erheblich mehr Anstrengung zu studieren, entsteht bei vielen ein Schamgefühl. Wenn gesellschaftliche Vorstellungen darüber, wie „effektives Studieren" geht infrage gestellt werden, kann der Weg frei gemacht werden für ein neues Selbstverständnis. Es gibt immer wieder Diskussionen über das energieraubende Suchen und Finden von Therapeut*innen, die Bedeutung von Diagnosen, den Sinn von Medikamenten (die oft Nebenwirkungen haben, durch die das Studium erschwert wird) und auch darüber hinaus, woran erkannt werden kann, dass eine Therapie erfolgreich ist.

5.2 Gruppe für Studierende mit ADHS

Auch hier findet ein Vorgespräch mit den Gruppenteilnehmenden statt. Zu den Teilnehmenden gehören auch Studierende, die noch keine Diagnose, sondern nur den Verdacht haben, ADHS zu haben. Viele sind in der Schulzeit gut zurechtgekommen und merken erst im Studium, dass sie an Grenzen stoßen. Da der Weg vom Verdacht zur Diagnose zurzeit mindestens ein Jahr dauert, ist es sinnvoll, diese Studierenden schon vor Erhalt der Diagnose zu unterstützen. Bisher war bei keinem dieser Studierenden der Verdacht falsch.

Diese Gruppe wird stark strukturiert, um ein Springen von Thema zu Thema zu vermeiden. Jede*r Studierende beschreibt, was in der nächsten Woche für das Studium zu erledigen ist. Daraus werden von allen zusammen Ziele nach dem SMART-Prinzip abgeleitet (Storch, 2009). Das Akronym SMART steht für die Kriterien, nach denen individuelle Ziele formuliert werden sollen: spezifisch, messbar, attraktiv, realistisch und terminiert. Zudem wird überlegt, wie diese Ziele am besten zu erreichen sind. In der Woche darauf reflektieren die Teilnehmenden, inwiefern die Ziele erreicht werden konnten. Oft ist dann noch genug Zeit, um Themen rund um die ADHS zu erörtern.

Die Gruppe trifft sich für eine Stunde pro Woche. Eine Gruppengröße von vier Teilnehmenden hat sich als passend erwiesen, da so genug Zeit für jede*n bleibt. Dies macht es möglich, damit umzugehen, dass die Studierenden immer mal wieder Termine vergessen oder erst verspätet eintreffen. Insgesamt aber ist jede Person an mindestens der Hälfte der Treffen im Monat anwesend. Themen hier sind:

– Strukturierung des Tages
– Aufbau eines realistischen Lernplanes
– Organisation des Semesters
– Umgang mit verordneten Medikamenten

Auch in dieser Gruppe wird deutlich, dass es schwierig ist, geeignete Therapeut*innen zu finden. Studierende geben sich Hinweise, wie eine Tagesstruktur aufgebaut und aufrechterhalten werden kann, ohne dass immer wieder vom eigentlichen Plan abgewichen wird.

6 Sieben Jahre Gruppen: Ein Fazit

Beide im Jahr 2015 gestarteten Angebote fanden zunächst im Rahmen von Projekten statt, die von DoBuS durchgeführt wurden. Die dauerhafte Nachfrage und der Erfolg führten zur Verstetigung. Die Arbeit mit diesen beeinträchtigungsspezifischen Gruppen ist immer wieder bereichernd für alle, die sich darauf einlassen und den Weg gemeinsam gehen wollen. In beiden Gruppen sind die Teilnehmenden wohlwollend und offen für Andere. Die Akzeptanz füreinander ist sehr hoch. Im Verlauf der Zeit zu erleben, wie Studierende wieder aktiver werden, sich mehr einbringen, angesammelte „Defizite" aus dem Studium aufholen und schließlich ihr Studium abschließen, ist Zeichen genug für die Nützlichkeit dieser Gruppen. Einige Studierende engagieren sich inzwischen auch öffentlich für die Verbesserung ihrer Situation und tragen damit zur Sensibilisierung bei. Das Ziel Studierende zu empowern ist gelungen. Der Erfolg dieser Gruppen liegt auch in der Umsetzung der Prinzipien des Dortmunder Arbeitsansatzes: Ausgehend von der individuellen Situation Lösungen für Barrieren zu finden, die auf hochschulstruktureller Ebene Veränderungen bewirken, sodass für Studierende in ähnlicher Situation die Barriere zukünftig gar nicht erst auftaucht (siehe Bender, Bühner & Drolshagen in diesem Band).

Literatur

Amering, M. & Schmolke, M. (2012). *Recovery. Das Ende der Unheilbarkeit.* Bonn: Psychiatrie Verlag.

Deutsches Studentenwerk (Hrsg.). (2012). *best1 – beeinträchtigt studieren. Sondererhebung zur Situation von Studierenden mit Behinderung und chronischer Krankheit.* Berlin: Köllen Druck + Verlag GmbH.

Deutsches Studentenwerk (Hrsg.). (2018). *best2 – beeinträchtigt studieren. Daten zur Situation von Studierenden mit Behinderung und chronischer Erkrankung.* Berlin: Köllen Druck + Verlag GmbH.

Fenton, A & Krahn, T. (2007). Autism, Neurodiversity and Equality Beyond the ‚Normal'. *Journal of Ethics in Mental Health, 2*(2), 1–7.

Grobe, Th. G., Steinmann, S. & Szecsenyi, J. (2018). *Barmer Arztreport 2018. Schriftenreihe zur Gesundheitsanalyse. Siegburg, Müller Verlagsservice e. K.* Verfügbar unter: https://www.bifg.de/media/dl/Reporte/Arztreporte/2018/barmer-arztreport-2018.pdf

Herriger, N. (2020). *Empowerment in der sozialen Arbeit. Eine Einführung* (6. Auflage). Stuttgart: Kohlhammer.

Interessenvertretung Selbstbestimmt Leben. (o.J). *Handbuch Empowerment.* Verfügbar unter: http://www.handbuch-empowerment.de

Knuf, A. (2020). *Recovery und Empowerment.* Köln: Psychiatrie Verlag GmbH. https://doi.org/10.5771/9783966050746

Krause, J. & Krause, K.-H. (2018). *ADHS im Erwachsenenalter: Symptome – Differenzialdiagnostik – Therapie* (4. Auflage). Stuttgart: Schattauer.

Lenz, A. (2002). Empowerment und Ressourcenaktivierung – Perspektiven für die psychosoziale Praxis. In A. Lenz, & W. Stark (Hrsg.), *Empowerment. Neue Perspektiven für psychosoziale Praxis und Organisation* (S. 13–54). Tübingen: dgvt Verlag.

Ne'eman, A. (2011). *What is Neurodiversity? National Symposium on Neuro-diversity at Syracuse University.* Verfügbar unter: https://neurodiversity-symposium.wordpress.com/what-is-neurodiversity/

Pankofer, S. (2000). Empowerment – eine Einführung. In T. Miller & S. Pankofer (Hrsg.), *Empowerment konkret! Handlungsentwürfe und Reflexionen aus der psychosozialen Praxis* (S.7–22). Stuttgart: Lucius & Lucius Verlagsgesellschaft mbH. https://doi.org/10.1515/9783110509861-003

Storch, M. (2009). Motto-Ziele, S. M. A.R.T. – Ziele und Motivation. In B. Birgmeier (Hrsg.), *Coachingwissen. Denn sie wissen nicht, was sie tun?* (S.183–205). Wiesbaden: VS Verlag für Sozialwissenschaften. https://doi.org/10.1007/978-3-531-91766-5_12

III
Barrierefreie und inklusionsorientierte Strukturen

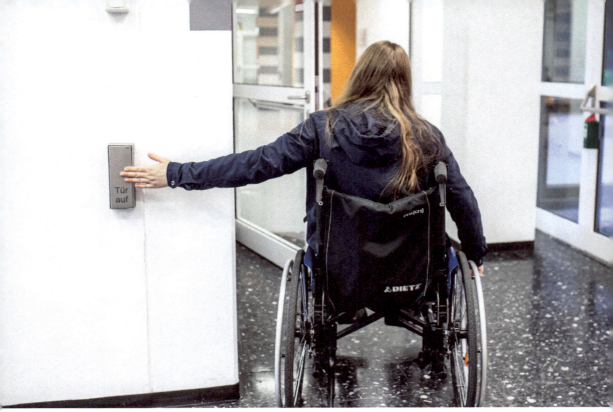

Barrierefrei durch die Unigebäud

DoBuS-Infokarte

TU-Imagefilm mit Untertitel

Braillezeile im DoBuS–Arbeitsraum

Die Dortmunder H–Bahn

Hochschuldidaktische Angebote zur Förderung einer Inklusiven Hochschullehre

Carsten Bender & Vera Janhsen

1 Einleitung

Im Fokus der Arbeit von DoBuS stehen die Studierenden mit Behinderungen der TU Dortmund. Daneben arbeitet DoBuS aber auch regelmäßig mit vielen weiteren Akteur*innen an der Hochschule zusammen. Entsprechend des Dortmunder Arbeitsansatzes unterstützt DoBuS mit zahlreichen Angeboten alle Hochschulangehörigen dabei, Barrieren abzubauen und inklusive Strukturen und Angebote (weiter) zu entwickeln (siehe Bühner, Bender und Drolshagen in diesem Band). In diesem Zusammenhang haben hochschuldidaktische Angebote, die der Weiterqualifikation der Universitätsangehörigen dienen, stark an Bedeutung gewonnen. Im Laufe der letzten Jahre wurden die hochschuldidaktischen Angebote von DoBuS sukzessive weiterentwickelt und ausgebaut. Auch, wenn inzwischen eine gewisse Bandbreite an Themen adressiert wird, haben sich fünf Prinzipien herauskristallisiert, die bei allen Angeboten Berücksichtigung finden. Bevor diese Prinzipien im Kapitel 3 ausführlich dargestellt und mit Beispielen illustriert werden, erfolgt zunächst eine Herleitung, warum unseres Erachtens Inklusion und Barrierefreiheit wichtige Themen sind, die heutzutage im Kontext der Hochschuldidaktik Berücksichtigung finden sollten (Kapitel 2). Im abschließenden Ausblick wird veranschaulicht, wie diese Themen nach auslaufen der Projektförderung an der TU Dortmund verstetigt werden (Kapitel 4).

2 Zielsetzung und Rahmenbedingungen von hochschuldidaktischen Angeboten zur Förderung inklusiver Hochschullehre

Im nationalen und internationalen Diskurs ist eine Tendenz zur Öffnung der Hochschulen, insbesondere im Bezug auf die Differenzkategorien (sozioökonomischer Status, Bildungsherkunft der Eltern, Migrations- und Behinderungserfahrung) zu beobachten. Damit verbunden ist die Herausforderung „Bedingungen zu verändern, die, hinsichtlich dieser Differenzkategorien, Hochschulangehörigen eine gleichberechtigte Teilhabe am System Hochschule erschweren" (Adorno & Illner, 2016, S. 253). Es gilt „strukturelle (rechtliche) Rahmenbedingungen zu schaffen, die benachteiligte Ausgangslagen ausgleichen können und Partizipation ermöglichen" (Georgi, 2015, S. 26). Die Hochschulen reagieren, zwar durchaus sehr unterschiedlich, jedoch zunehmend in der Breite auf die Anforderungen, die sich aus diesem politischen bzw. gesetzlichen Auftrag ergeben (Aichinger et al., 2020). Diversität bzw. Diversitäts-Management und Inklusion sind die Leitkonzepte, die im Hochschulkontext verstärkt genutzt werden, um diesen Veränderungsprozess zu gestalten (Platte et al., 2016; Dannenbeck et al., 2018; Aichinger et al., 2020).

Hinsichtlich der Realisierung der Teilhabe von Menschen mit Behinderung an Hochschulbildung, besitzt unseres Erachtens ein auf der UN-Behindertenrechtskonvention (UN-BRK, Vereinte Nationen, 2009) basierendes menschenrechtliches Verständnis von Inklusion das größte Potenzial. Nach Dannenbeck und Dorrance (2016) zeigt sich im Kontext der Hochschule Inklusionsorientierung in der Bereitschaft, auf allen Ebenen, d.h. Forschung, Lehre und der akademischen Selbstverwaltung, konsequent „Teilhabehindernisse aufzuspüren, zu beseitigen und Diskriminierungserfahrungen ernst zu nehmen und zu reflektieren" (ebd., S. 31). Demzufolge darf sich Inklusionsorientierung an der Hochschule nicht nur auf die punktuelle Entwicklung und Implementierung von Unterstützungsmaßnahmen für einzelne Studierende beschränken, sondern sie ist ebenso als eine Querschnittsaufgabe im Kontext der Organisationsentwicklung zu verstehen (vgl. Bender et al., 2018). Die rechtlichen bzw. politischen Zielperspektiven für diesen Hochschulentwicklungsprozess sind u.a. in der UN-BRK, die ein diskriminierungsfreies

und chancengleiches Studium für Studierende mit Behinderungen völ-
kerrechtlich absichert, sowie im Positionspapier der Hochschulrektorenkonferenz (2009) „Eine Hochschule für Alle" dargelegt.

Um Inklusion im Kontext der Hochschullehre weiterzuentwickeln,
müssen einerseits die Rahmenbedingungen der Lehre adressiert werden. Neben einer barrierefreien baulichen und digitalen Infrastruktur
sind das auch die Regelungen in Studien- und Prüfungsordnungen, die
ermöglichen müssen, dass Lehrende in Lehrveranstaltungen und Prüfungen die vielfältigen Lernvoraussetzungen berücksichtigen und ggf.
auch, im Sinne angemessener Vorkehrungen, Nachteilsausgleiche gewähren können. Andererseits müssen die Lehrenden selbst über Kompetenzen verfügen, um dem rechtlichen bzw. bildungspolitischen Anspruch einer chancengleichen und gleichberechtigten Lehre für Studierende mit Behinderungen gerecht werden zu können (Aichinger et al.,
2020).

Sowohl in der alltäglichen Arbeit von DoBuS als auch in verschiedenen Forschungsprojekten zeigt sich, dass sich die Lehrenden dieses Anspruchs durchaus bewusst sind, jedoch Unsicherheit bzw. Un-
wissen hinsichtlich der praktischen Umsetzung in der eigenen Lehre
besteht. So äußerten Lehrende in einem World-Café, welches im Rahmen des Projektes DoProfiL[1] an der TU Dortmund durchgeführt wurde,
den Wunsch, in ihrer Lehre auf vermutete oder offen geäußerte, behinderungsbedingte Lernvoraussetzungen und Bedarfe eingehen zu wollen. Jedoch waren sie unsicher, wie dies zu realisieren sei, ohne dabei
selbst Etikettierungs- und Stigmatisierungsprozessen Vorschub zu leisten (vgl. Bender et al., 2018). Andere Lehrende berichteten im World-
Café, dass sie nur auf behinderungsbedingte Bedarfe eingehen, wenn
diese explizit von den Studierenden geäußert würden, da sie vermuteten, aufgrund der massiven Selektionsmechanismen des deutschen
Bildungssystems, in der Regel in der Hochschullehre mit relativ homogenen Gruppen zu arbeiten. Die Umsetzung von ‚Inklusion' scheint sich
bei diesen Lehrenden auf das Gewähren von Nachteilsausgleichen zu

---

1 DoProfiL wird im Rahmen der gemeinsamen „Qualitätsoffensive Lehrerbildung"
   von Bund und Ländern aus Mitteln des Bundesministeriums für Bildung und
   Forschung gefördert.

beschränken. Aber selbst, wenn man Inklusion – unzulässigerweise – so eng führen wollte, zeigt die Studie von Bauer (2021), dass Lehrende sehr wenig Wissen über dieses Instrument zur Gewährung von angemessenen Vorkehrungen haben. Insgesamt kann davon ausgegangen werden, dass bei den Lehrenden ein deutlicher Qualifizierungsbedarf besteht, der zunehmend auch im Kontext von hochschuldidaktischen Angeboten berücksichtigt wird. Beispielsweise bietet die Universität Würzburg für einen Verbund von bayrischen Universitäten ein hochschuldidaktisches Qualifizierungsprogramm zum Thema Inklusion und Barrierefreiheit an (JMU, 2019). Ebenfalls greift die Koordinierungsstelle Chancengleichheit Sachsen, die hochschuldidaktische Angebote für die sächsischen Hochschulen organisiert, inklusionsbezogene Themen auf (KCS, 2023).

Auch an der TU Dortmund wurden von DoBuS in den letzten Jahren eine Reihe von hochschuldidaktischen Angeboten entwickelt und durchgeführt. Entsprechend des Dortmunder Arbeitsansatzes (siehe Bender, Bühner und Drolshagen in diesem Band) waren Probleme, auf die Studierende mit Behinderungen stoßen, der Ausgangspunkt für die Konzeption dieser Angebote. Die hochschuldidaktischen Angebote reagieren dann selbstredend nicht auf ein Problem eines bestimmten Studierenden, sondern adressieren abstrahierend von der konkreten Problemsituation, wie zukünftig Lehrende dazu beitragen können, vergleichbare Situationen inklusiver zu gestalten. In der jüngeren Vergangenheit war der Anlass zur Konzeption und Durchführung von hochschuldidaktischen Angeboten im Themenfeld Inklusion und Barrierefreiheit auch immer wieder, dass dies von Kolleg*innen oder anderen Einrichtungen der Hochschule explizit gewünscht wurde.

Im Kontext des Projektes DoProfiL konnten die bereits bestehenden hochschuldidaktischen Angebote von DoBuS thematisch ausgebaut sowie konzeptionell und methodisch weiterentwickelt werden. In der Projektlaufzeit wurden die folgenden hochschuldidaktischen Angebote ein- bzw. mehrfach durchgeführt:

Hochschuldidaktische Angebote mit dem Fokus Behinderung im Projekt DoProfiL (Konzipiert und durchgeführt von DoBuS)[2]

1. Workshop: Inklusiv studieren mit Behinderung / chronischer Erkrankung an der TU Dortmund
2. Coaching: Inklusion inklusiv lehren, aber wie?
3. Workshop: Studierende mit psychischer Beeinträchtigung oder Belastung – Was tun in schwierigen Gesprächen und Situationen?
4. Workshop: Gewährung von Nachteilsausgleichen in Prüfungen
5. Workshop: Erstellen barrierefreier Präsentationen und Dokumente
6. Workshop: Inklusive digitale Lehre – Barrieren vermeiden – Potenziale nutzen

Der zeitliche Rahmen erstreckte sich jeweils von Kurzworkshops (ca. 90 Minuten; 3., 4. und 6.) über (Halbtags-)Workshops (4–6 Stunden, 1.) und regelmäßigen Treffen über ein Semester (2.). Zudem geht aus der Auflistung der hochschuldidaktischen Angebote hervor, dass die Workshops zwar alle im Themenfeld Inklusion und Barrierefreiheit anzusiedeln sind, jedoch eine gewisse Bandbreite an Themen adressiert wurde. Allerdings ist Bestandteil aller Workshops – im Sinne der in Artikel 8 der UN-BRK geforderten Bewusstseinsbildung (Vereinte Nationen, 2008, S. 9) – für die Situation von Studierenden mit Behinderungen und chronischer Erkrankung zu sensibilisieren. Neben dieser grundlegenden Sensibilisierung wird mit den Teilnehmenden in allen Workshops auch ganz konkret daran gearbeitet, wie die eigene Lehre, bzw. Arbeit, im Sinne eines an der UN-BRK orientierten Inklusionsverständnisses gestaltet bzw. weiterentwickelt werden kann. In der 6-jährigen Projektlaufzeit von DoProfiL wurden die genannten hochschuldidaktischen Angebote, ausgehend von einem gemeinsamen Verständigungsprozess zum Thema Inklusion (vgl. Bender et al., 2018) sowie orientiert an den in den jeweiligen Projektphasen aktuell anstehenden Wünschen und Bedarfen der Nachwuchswissenschaftler*innen, sukzessive konzipiert und durchgeführt. Nach der Durchführung wurden die Workshops, basierend auf dem Feedback der Teilnehmenden, ein- bzw. mehrfach modifiziert

---

2 Beschreibungen der Angebote finden sich unter https://doprofil.tu-dortmund.de/projekt/nachwuchsfoerderung/

und weiterentwickelt. Im Laufe dieses Entwicklungsprozesses konnten die im Folgenden dargestellten 5 Prinzipien herausgearbeitet werden. Sie erwiesen sich, trotz der unterschiedlichen thematischen Schwerpunkte, in allen Workshops als geeignet, um ein an der UN-BRK orientiertes Verständnis von inklusiver Hochschullehre zu vermitteln. Daher werden im Folgenden nicht alle Workshops im Detail vorgestellt, sondern vielmehr diese Prinzipien dargestellt. Illustriert werden die Prinzipien jeweils mit Beispielen aus dem Workshop 1 „Inklusiv studieren mit Behinderung / chronischer Erkrankung an der TU Dortmund". Dieser Workshop kann als besonders ‚praxisgesättigt' angesehen werden, da er nicht nur im Rahmen des Projektes DoProfiL, sondern auch mehrfach im vom Zentrum für HochschulBildung der TU Dortmund organisierten hochschuldidaktischen Einführungsprogramm „Start in die Lehre" angeboten wurde und dort von den Teilnehmenden bei der Veranstaltungsevaluation sehr positiv bewertet wurde.

3　Prinzipien für die Durchführung von hochschuldidaktischen Angeboten zum Thema Inklusion

3.1　Prinzip 1: Doppelte Expert*innen einbinden

Mit dem Begriff der doppelten Expert*innen verdeutlicht Drolshagen (2012), dass Menschen mit Behinderung in einem fachlichen Diskurs sich nicht nur auf ihr professionelles Wissen, sondern auch auf ihre eigene Behinderungserfahrung beziehen können. Während Bender & Janhsen (2022) das Potenzial dieser doppelten Perspektive für den Schulkontext explorieren, wird bei der Durchführung der hochschuldidaktischen Angebote von DoBuS auch das Potenzial dieses Ansatzes im Hochschulkontext deutlich. In allen Workshops ist mindestens ein*e doppelte Expert*in beteiligt, die*der in einzelnen Situationen fachlich relevante Zusammenhänge, anhand von eigenen (Behinderungs-)Erfahrungen aus dem Hochschulkontext, illustrieren kann oder verdeutlichen kann, warum bestimmte Positionen vertreten werden. Insbesondere im Workshop 1, in dem ein wesentliches Ziel ist, für die Situation von Studierenden mit Behinderungen zu sensibilisieren, wird dieses Prinzip von den Referent*innen verstärkt genutzt. Schon aufgrund der Tatsache, dass die Teilnehmenden in den Workshops häufig erstmals im universitären Arbeitskontext damit konfrontiert sind, mit einer*einem Referent*in mit Behinderung zusammenzuarbeiten, erwachsen immer wieder Fragen und Unsicherheiten, die dann von den Referent*innen aufgegriffen und reflektiert werden können. Beispielsweise gibt es immer wieder einzelne Teilnehmende, die sich sehr dafür interessieren, wie die blinden Referent*innen die Welt wahrnehmen und hierzu viele Fragen stellen. Diese Fragen können die Referent*innen dazu nutzen eigene Erfahrungen aus dem Hochschulkontext einzubringen, mit dem Ziel für die Situation von Studierenden mit Blindheit, aber auch abstrahierend davon, für die Situation von Studierenden mit Behinderungen allgemein zu sensibilisieren. Die Fragen können von den Referent*innen aber auch dazu genutzt werden, zu spiegeln als wie distanzwahrend bzw. distanzlos die Fragen erlebt werden, um ausgehend davon mit den Teilnehmenden zu erarbeiten, welche Fragen in Bezug auf die Beeinträchtigung bzw. Behinderung im Kontakt mit Studierenden angemessen bzw. nicht angemessen sind. Damit diese Ebene der Zusammenarbeit erreicht wird, ist jedoch Prinzip 2 von entscheidender Bedeutung.

3.2 Prinzip 2: Kommunikationsebene herstellen und Fragen / Bedarfe ermitteln

Bei den von DoBuS durchgeführten Angeboten besteht die Herausforderung darin, dass einerseits eine normative Setzung vorgenommen und meist bereits in der Workshopankündigung deutlich expliziert wird; dass die Hochschule und ihre Akteur*innen verpflichtet sind, Studierenden mit Behinderungen ein chancengleiches Studium zu ermöglichen. Andererseits ist es für einen erfolgreichen Verlauf der Workshops wichtig, dass die Teilnehmenden ihre Erfahrungen, Sorgen, Fragen, etc. offen einbringen, und nicht nur sozial erwünschte Beiträge leisten. Hinsichtlich der Bewältigung dieser Herausforderung ist es entscheidend, die Teilnehmenden direkt zu Beginn der Veranstaltung mit aktivierenden Methoden (vgl. Dübbelde, 2017) aus einer passiven, eher konsumierenden Position herauszuholen.

Im Workshop 1 wird dazu eine Kartenabfrage genutzt, mit deren Hilfe Fragen, die am Ende der Veranstaltung beantwortet werden sollen, gesammelt und geclustert werden. Zudem werden die Teilnehmenden aufgefordert, ihre Zustimmung bzw. Ablehnung zu Aussagen aus dem Kontext einer inklusiven Lehre zu signalisieren und zu begründen. Die Aussagen sind so formuliert, dass sie dazu anregen kontrovers zu diskutieren. Beispiele für kontroverse Aussagen aus dem Workshop 1 sind:

– Da die Anzahl an Studierenden mit Beeinträchtigung verschwindend gering ist, kann bei der Planung von Lehre und Hochschulstrukturen nicht immer auf ihre Belange Rücksicht genommen werden.
– Wenn Studierende aufgrund langsamerer Arbeitstechniken mehr Zeit zum Lesen oder Schreiben brauchen, kann ich Ihnen in Klausuren oder bei Übungen im Seminar Aufgaben erlassen, um es Ihnen nicht zu schwer und anstrengend zu machen.

Die Arbeit mit kontroversen Aussagen hat sich als sehr aktivierend erwiesen. Neben dem Vergegenwärtigen des eigenen Standpunktes und dem Aktivieren von Vorwissen (vgl. Dübbelde, 2017), wird mit den Aussagen auch verdeutlicht, dass trotz der oben genannten normativen Setzung, auch zuwiderlaufende Argumentationen im Workshop geäußert werden können. Hinsichtlich der methodischen Zwecke sind die Aussagen selbstverständlich zugespitzt, basieren im Kern jedoch auf Aussagen, die von Lehrenden in der Vergangenheit so oder ähnlich getätigt wurden. Auch dies trägt sicher dazu bei, dass die Aussagen von den Workshopteilnehmenden meist rege diskutiert werden.

3.3 Prinzip 3: Inklusion von der Studierendensituation aus denken

Entsprechend des von DoBuS entwickelten „Dortmunder Arbeitsansatzes" (siehe Bender, Bühner & Drolshagen in diesem Band) ist Ausgangs- und Bezugspunkt in allen Workshops die Situation von Studierenden mit Behinderungen. Da es organisatorisch oft nur schwer zu realisieren ist, Studierende selbst an den Workshops zu beteiligen, werden im Workshop 1 ausgewählte Ergebnisse der Sozialerhebung und der best2-Studie des Deutschen Studentenwerks genutzt (vgl. Poskowsky et al., 2018;

Middendorff et al., 2017), um die Teilnehmenden für die Situation von Studierenden mit Behinderungen zu sensibilisieren. In einer kurzen Einheit wird zudem mit Selbsterfahrungsübungen (mit Dunkelbrillen, Simulationsbrillen, Hörschutz etc.) gearbeitet. Dies kann sicher nicht Behinderung simulieren, aber die Teilnehmenden können zumindest einmal die Erfahrung machen, sich unter erschwerten Bedingungen einen komplexen Lerninhalt zu erschließen. Eine große Chance ist es, wenn die Referent*innen selbst in der Beratung von Studierenden mit Behinderungen tätig sind. In diesem Fall kann auf Beratungssituationen Bezug genommen werden. Selbstredend ist dabei unter allen Umständen sicherzustellen, dass die Anonymität der Ratsuchenden gewahrt bleibt.

Insgesamt bleibt festzuhalten, dass es bei einer Sensibilisierung der Teilnehmenden für die Situation von Studierenden mit Behinderungen entscheidend ist, immer wieder herauszustellen, dass Behinderung kein an die Person gebundenes (medizinisches) Merkmal ist, sondern im Sinne der UN-BRK bzw. der ICF eine Beeinträchtigung der Aktivität bzw. Teilhabe im Kontext des Studiums darstellt, die aus ungünstigen materiellen, sozialen oder einstellungsbezogenen Umweltkontexten resultiert (siehe dazu auch Bender, Bühner und Drolshagen in diesem Band.) Wird für die Situation von Studierenden mit Behinderungen sensibilisiert, sollten sich die Referent*innen immer wieder bewusst machen, dass es „nicht um die Thematisierung von Differenz als Unterschied", sondern um ihre Thematisierung „als Ergebnis von Unterscheidungsprozessen" geht (Messerschmidt, 2016, S. 166).

Darüber hinaus sollte im Kontext der Bewusstseinsbildung auch vermieden werden, Studierende ausschließlich als ‚Opfer‘ der Verhältnisse darzustellen, sondern stattdessen Studierende als handelnde Subjekte mit spezifischen Möglichkeitsräumen anzusprechen (vgl. Scharathow, 2013, S. 443). Neben dem Berichten von ‚Erfolgsstorys‘ von Studienverläufen, ist es in diesem Zusammenhang auch von unschätzbarem Wert, wenn Referent*innen mit eigener Behinderungserfahrung den Workshop leiten bzw. an der Workshopleitung beteiligt sind. So können die Teilnehmenden unmittelbar erleben, wie eine Person, die eine akademische Ausbildung absolviert hat, im wissenschaftlichen Kontext kompetent agiert.

3.4 Prinzip 4: Inklusion heißt Proaktive und Reaktive Ansätze berücksichtigen

In allen Workshops wird verdeutlicht, dass es durchaus auch im Sinne der UN-BRK geboten ist, in der Lehre einerseits proaktive Ansätze zu verfolgen, die dazu geeignet sind, möglichst von vornherein die unterschiedlichen Lernvoraussetzungen von Studierenden mit und ohne Behinderungen zu adressieren. Das Universal Design for Learning (UDL) ist ein Ansatz, der an Hochschulen in diesem Zusammenhang zunehmend Berücksichtigung findet (vgl. Burgstahler & Cory, 2013; Bartz Feldhase et al., 2018). Andererseits verdeutlicht die UN-BRK mit dem Recht auf angemessene Vorkehrungen, dass auch im Hochschulkontext die Verpflichtung besteht, im Einzelfall auf individuelle beeinträchtigungsspezifische Bedarfe eingehen zu müssen.

Im Workshop 1 wird zur Verdeutlichung des proaktiven Ansatzes das Konzept des Universal Design for Learning genutzt. Nach einer kurzen Einführung sollen die Teilnehmenden, anhand der in Tabelle 1 dargestellten Prinzipien und Richtlinien, erarbeiten, wie sie eine Lerneinheit aus ihrer eigenen Hochschullehre im Sinne des UDL weiterentwickeln könnten.

Es ist nicht intendiert, dass die Teilnehmenden im Workshop alle 9 Prinzipien des UDL vollständig für die gesamte Lerneinheit durcharbeiten. Vielmehr sollen die Prinzipien als ein anregendes Instrument erlebt werden, das auch zukünftig dabei unterstützen kann, die eigene Lehre weiterzuentwickeln.

Der reaktive Ansatz wird im Workshop 1 u. a. anhand des Themas Nachteilsausgleich konkretisiert. Dieses Thema wird als ein Beispiel für ein reaktives Vorgehen gewählt, da die Lehrenden hierzu fast immer Fragen in den Workshop einbringen. Am Beispiel des Nachteilsausgleichs kann gut gezeigt werden, dass der Anspruch auf angemessene Vorkehrungen im Hochschulgesetz sowie in den Prüfungsordnungen verankert ist und mit welchen Verfahren und organisatorischen Maßnahmen an der TU Dortmund sichergestellt ist, dass dieser Anspruch gewährt werden kann. Zudem werden Beispiele von Nachteilsausgleichen vorgestellt. Es wird aber auch erarbeitet, dass die Gewährung eines Nachteilsausgleichs im Sinne einer inklusiven Hochschulbildung nur die ‚zweitbeste Lösung' darstellt und es zu begrüßen wäre, wenn Hochschul-

Tabelle 1: Prinzipien, Richtlinien und Checkpoints für das Universal Design for Learning

A. Biete multiple Mittel der Repräsentation von Informationen.	B. Biete multiple Mittel der Verarbeitung von Informationen und der Darstellung von Lernergebnissen.	C. Biete multiple Möglichkeiten der Förderung von Lernengagement und Lernmotivation.
1. Biete Wahlmöglichkeiten bei der Perzeption.	4. Ermögliche unterschiedliche motorische Handlungen.	7. Biete variable Angebote zum Wecken von Lerninteresse.
2. Biete Wahlmöglichkeiten bei der sprachlichen und symbolischen Darstellung von Informationen.	5. Biete Möglichkeiten im Bereich der Beherrschung instrumenteller und darstellender Fertigkeiten.	8. Gib Gelegenheiten für unterstützte konzentrierte Anstrengung und ausdauerndes Lernen.
3. Biete Wahlmöglichkeiten beim Verstehen von Informationen.	6. Biete Wahlmöglichkeiten zur Unterstützung der exekutiven Funktionen.	9. Biete Möglichkeiten und Hilfen für selbstreguliertes Lernen.

Quelle: Hall, Meyer & Rose, 2012, S. 13; Übers. d. Schlüter, Melle & Wember, 2016, S. 275.

lehre so weiterentwickelt würde, dass der Bedarf der Beantragung von Nachteilsausgleichen stetig sinkt.

3.5 Prinzip 5: Klärung von Zuständigkeiten

Sowohl in der Praxis, aber auch in der Forschung wird immer wieder darauf hingewiesen, dass für die Umsetzung von Inklusion eine Vielzahl von Akteur*innen an den Hochschulen einbezogen werden sollten. Beispielsweise erarbeiten King et al. (2020) in ihrem Beitrag, basierend auf dem Stakeholder-Ansatz und anhand von zwei Fallbeispielen, dass durch eine Vielzahl von Akteur*innen an der Hochschule positive Lernerfahrungen für Studierende mit Behinderungen begünstigt werden können (ebd.). Sie verdeutlichen in ihrer Studie, dass es darum geht, dass den verschiedenen Akteur*innen bewusst wird, dass sie einen Beitrag zu Inklusion und Barrierefreiheit leisten können und welche Rolle ihnen dabei zukommt (ebd.). Im Kontext von hochschuldidaktischen Angeboten gilt es daher mit den Lehrenden zu erarbeiten, welchen Beitrag sie als Lehrende leisten können und was in den Bereich ihrer Zuständigkeit fällt.

Bei der Durchführung von Workshops im Kontext von DoProfiL und bei ‚Start in die Lehre' zeigte sich, dass sich insbesondere junge Lehrende, aus Sorge Studierende mit Behinderungen zu benachteiligen oder gar zu diskriminieren, häufig im hohen Maße verantwortlich fühlen für den Studienerfolg von Studierenden mit Behinderungen. Damit geht allerdings häufig auch das Gefühl einher, dieser Anforderung allein nicht gerecht werden zu können. Daher wird im Workshop 1 auch immer erarbeitet, welche weiteren Akteur*innen an der TU Dortmund hinsichtlich eines chancengleichen und diskriminierungsfreien Studiums einen Beitrag leisten können. Neben der Vorstellung der subsidiären Unterstützungsangebote von DoBuS (siehe Bender, Bühner und Drolshagen in diesem Band) sowie der inklusiven Strukturen, die an der TU Dortmund etabliert sind, wird auch die Rolle der Studierenden aufgegriffen. Dabei wird erörtert, dass die Studierenden mit Behinderungen dafür zuständig sind, bezogen auf die Anforderungen im Studium einen kompetenten Umgang mit ihrer Beeinträchtigung zu entwickeln. Dies kann für Studierende mit einer für andere nicht sichtbaren Beeinträchtigung bedeuten, zu reflektieren in welchen Zusammenhängen es ggf. sinnvoll sein könnte gegenüber Mitstudierenden oder Lehrenden die eigene Beeinträchtigung offenzulegen, um zum Beispiel das Recht auf einen Nachteilsausgleich in Anspruch zu nehmen oder spezifische Lernvoraussetzungen transparent zu machen. Lehrende erfahren im Workshop auch, dass DoBuS eine Reihe von Angeboten zur Verfügung stellt, um Studierende bei einem kompetenten Umgang mit der eigenen Beeinträchtigung zu unterstützen. Neben der Einzelberatung sind in diesem Zusammenhang insbesondere die Angebote hervorzuheben, die einen Peer-to-Peer Austausch ermöglichen (siehe Bühner; Franz; Schmidt in diesem Band). Den Lehrenden wird in diesem Zusammenhang jedoch auch verdeutlicht, dass sie dafür zuständig sind, Offenheit zu signalisieren auf (behinderungsbedingte) individuelle Bedarfe einzugehen und in ihren Lehrveranstaltungen einen Rahmen zu schaffen, in dem Studierende sich mit ihren individuellen Voraussetzungen einbringen können, ohne befürchten zu müssen, dadurch Diskriminierung oder Benachteiligung ausgesetzt zu sein.

4 Fazit und Ausblick

Die im Projekt DoProfiL von DoBuS (weiter-)entwickelten hochschuldidaktischen Angebote werden zunehmend in die regulären Fort- und
Weiterbildungsangebote der TU Dortmund integriert. So ist ein Workshop zu Inklusion in der Hochschullehre ein Vertiefungsbereich, der in
der jährlich stattfindenden dreitägigen hochschuldidaktischen Veranstaltung „Start in die Lehre" angeboten wird. Des Weiteren kann von
DoBuS im Qualifizierungsprogramm für das Zertifikat „Professionelle
Lehrkompetenz für die Hochschule" regelmäßig ein Workshop aus dem
Themenfeld Inklusion und Barrierefreiheit angeboten werden. Zudem
werden regelmäßig Workshops zu barrierefreien Dokumenten in der
so genannten innerbetrieblichen Weiterbildung der TU Dortmund eingebracht. Die Zielgruppe sind, neben den Lehrenden, vor allem die
Mitarbeiter*innen aus Technik und Verwaltung. Dieses ‚Einspielen' von
Workshops in bestehende Programme hat den Vorteil, dass der nicht
unerhebliche organisatorische Aufwand, der mit der Durchführung solcher Weiterbildungsangebote einhergeht, nicht bei DoBuS liegt und so,
nachdem die grundlegende Konzeption in einem drittmittelfinanzierten
Projekt geleistet wurde, als zusätzliche Aufgabe mit begrenzten Res-
sourcenaufwand auch nach Projektende weitergeführt werden kann.
Darüber hinaus wird mit diesem Vorgehen letztendlich aber auch, im
Sinne des an der TU Dortmund praktizierten Disability Mainstreaming
(siehe Bender, Bühner und Drolshagen in diesem Band), das Ziel verfolgt, die Hochschulangehörigen im Kontext der regulären Qualifizie-
rungsprogramme für einen inklusiven Umgang mit Studierenden mit Behinderungen zu qualifizieren. Da entsprechend dem Ansatz des Organi-
sationalen Lernens die individuelle Ebene immer mit der institutionel-
len Ebene verknüpft ist – insbesondere im Kontext der Hochschule mit
ihren zahlreichen Verfahren der Mitbestimmung –, ist davon auszuge-
hen, dass eine inklusionsorientierte Qualifizierung von Mitarbeitenden
auch einen Beitrag dazu leistet, die Institution insgesamt in Richtung
Inklusion weiterzuentwickeln (Leišytė et al., 2018). Da bislang an Universitäten für Lehrende i. d. R. die Teilnahme an Weiterbildungsangeboten
nicht verpflichtend ist und in der Folge bei Weitem nicht alle Lehrenden
diese wahrnehmen, ist deren Wirkung natürlich auch nur von begrenzter

Reichweite. Auf jeden Fall aber verliert das Argument, welches gelegentlich von Lehrenden vorgebracht wird, sie könnten nicht wissen, wie sie ihre Lehre inklusiv gestalteten, erheblich an Gewicht, was wiederum mittelbar auch zu einer Verbesserung der Situation von Studierenden mit Behinderungen führen kann.

Neben den in dieser Veröffentlichung fokussierten Face-to-Face Workshops, können selbstverständlich auch Selbstlernangebote sowie Materialien und Checklisten einen wichtigen Beitrag leisten. Insbesondere wenn es darum geht, ein klar umrissenes Regelwerk oder Handwerkszeug zu vermitteln – wie es beispielsweise im Kontext von digitaler Barrierefreiheit der Fall ist – scheint dies hilfreich zu sein. Aber die Erfahrung zeigt auch, dass selbst in diesem Zusammenhang von vielen Hochschulangehörigen ein interaktives Format gewünscht wird, in dem Probleme und Fragen geklärt oder auch Erfahrungen geteilt werden können.

Mit dieser Veröffentlichung der entwickelten Prinzipien zur Gestaltung von inklusionsbezogenen hochschuldidaktischen Angeboten, soll ein Beitrag dazu geleistet werden, dass auch anderenorts vergleichbare Angebote initiiert werden können. Dass hier ein Bedarf besteht, zeigt sich nicht zuletzt durch die Tatsache, dass DoBuS zunehmend Anfragen erreichen, hochschuldidaktische Angebote auch an anderen Hochschulen anzubieten, die jedoch nur im sehr begrenzten Umfang bedient werden können.

Literatur

Adorno, J. & Iller, C. (2016). Überlegungen zu den hochschuldidaktischen Konsequenzen einer inklusionssensiblen Hochschule. In C. Dannenbeck, C. Dorrance, A. Moldenhauer, A. Oehme & A. Platte (Hrsg.), *Inklusionssensible Hochschule: Grundlagen, Ansätze und Konzepte für Hochschuldidaktik und Organisationsentwicklung* (S. 253–266). Bad Heilbrunn: Verlag Julius Klinkhardt.

Aichinger, R., Linde, F. & Auferkorte-Michaelis, N. (Hrsg.). (2020). Diversität an Hochschulen – Chancen und Herausforderungen auf dem Weg zu exzellenten und inklusiven Hochschulen. *Zeitschrift für Hochschulentwicklung, 15*(3). Verfügbar unter: https://zfhe.at/index.php/zfhe/issue/view/67

Bartz, J., Feldhase, K., Goll, T., Kanschick, D., Hüninghake, R., Krabbe, C., Lautenbach, F. & Trapp, R. (2018). Das Universal Design for Learning (UDL) in der inklusionsorientierten Hochschullehre. Eine interdisziplinäre Bestandsaufnahme aus Sicht der Fachdidaktiken Chemie, Germanistik, Sachunterricht, Sport, Theologie und der Rehabilitationswissenschaften. In S. Hußmann & B. Welzel (Hrsg.), *DoProfiL – Das Dortmunder Profil für inklusionsorientierte Lehrerinnen- und Lehrerbildung* (S. 93–108). Münster: Waxmann.

Bauer, J. F. (2021). Nachteilsausgleich? Dazu wurde ich nicht informiert! Wissen, Erfahrungen und Informationsbedarfe von Hochschullehrenden zum Thema Nachteilsausgleiche für Studierende mit Behinderungen. In C. Bohndick, M. Bülow-Schramm, D. Paul & G. Reinmann (Hrsg.), *Hochschullehre im Spannungsfeld zwischen individueller und institutioneller Verantwortung* (S. 187-107). Wiesbaden: Springer. https://doi.org/10.1007/978-3-658-32272-4_14

Bender, C., Drolshagen, B., Rose, A., Leišytė, L. & Rothenberg, B. (2018). Entwicklung einer inklusionsorientierten universitären Lehramtsausbildung – Maßnahmen der Organisationsentwicklung und Qualifizierung der Lehrenden. In S. Hußmann & B. Welzel (Hrsg.), *DoProfiL – Das Dortmunder Profil für inklusionsorientierte Lehrerinnen- und Lehrerbildung* (S. 207–221). Münster: Waxmann. Verfügbar unter: https://doprofil.tu-dortmund.de/storages/doprofil/w/Dateien/DoProfiL_Sammelband_OpenAccess.pdf

Bender, C. & Janhsen, V. (2022). Lehren und Lernen im Sinne der UN-Behindertenrechtskonvention. Behinderungserfahrungen als Ressource im Kontext einer inklusionsorientierten Lehramtsausbildung. In E. Ballhorn, C. Neuhäuser & B. Welzel (Hrsg.), *Inkarnation // Dekarnation* (S. 96–107). Bielefeld: wbv.

Burgstahler, S. E. & Cory, R. C. (2013). *Universal Design in Higher Education. From Principles to Practice.* Cambridge, Massachusetts: Harvard Education Press.

Dannenbeck, C. & Dorrance, C. (2016). Da könnte ja jede/r kommen! – Herausforderung einer inklusionssensiblen Hochschulentwicklung. In C. Dannenbeck, C. Dorrance, A. Moldenhauer, A. Oehme & A. Platte (Hrsg.), *Inklusionssensible Hochschule. Grundlagen, Ansätze und Konzepte für Hochschuldidaktik und Organisationsentwicklung* (S. 22–33). Bad Heilbrunn: Julius Klinkhardt. Verfügbar unter: https://elibrary.utb.de/doi/book/10.35468/9783781554849

Dannenbeck, C., Dorrance, A. Moldenhauer, A. Oehme & A. Platte (Hrsg.). (2018). *Inklusionssensible Hochschule: Grundlagen, Ansätze und Konzepte für Hochschuldidaktik und Organisationsentwicklung)*. Bad Heilbrunn: Verlag Julius Klinkhardt.

Drolshagen, B. (2012). Sehen wir weiter! Zur Heterogenität der „Betroffenenperspektive". *blind-sehbehindert, 132*(3), 168–175.

Dübbelde, G. (2017). *Aktivierende Methoden für Seminare und Übungen. Methodenkoffer.* Gießen: Justus-Liebig-Universität. Verfügbar unter: https://www.unigiessen.de/fbz/zentren/zfbk/didaktik/informationen/downloads/lehreinsteiger-1/methodenkoffer-seminare

Georgi, V. B. (2015). Integration, Diversity, Inklusion. Anmerkungen zu aktuellen Debatten in der deutschen Migrationsgesellschaft. *DIE Zeitschrift für Erwachsenenbildung, 2,* 25–27. Bielefeld: wbv. https://dx.doi.org/10.3278/DIE1502WS

Hochschulrektorenkonferenz. (2009). *„Eine Hochschule für Alle". Empfehlung der 6. Mitgliederversammlung am 21.4.2009 zum Studium mit Behinderung/chronischer Krankheit.* Verfügbar unter: http://www.hrk.de/uploads/tx_szconvention/Entschliessung_HS_Alle.pdf

JMU (Julius-Maximilians-Universität Würzburg). (2019). *Inklusion an Hochschulen und barrierefreies Bayern.* Verfügbar unter: https://www.uni-wuerzburg.de/inklusion/startseite/

KCS (Koordinierungsstelle Chancengleichheit Sachsen). (2023). *Weiterbildungsveranstaltungen im Bereich Inklusion.* Verfügbar unter: https://www.kc-sachsen.de/inklusion-118.html

King, L., Burgstahler, S., Fisseler, B., & Kaspi-Tsahor, D. (2020). New Perspectives on Stakeholders: Who Needs to Step Up to the Plate and How? In J. Seale (Hrsg.), *Improving Accessible Digital Practices in Higher Education Challenges and New Practices for Inclusion.* Basingstoke, Hampshire: Palgrave Macmillan. https://doi.org/10.1007/978-3-030-37125-8_4

Leišytė L., Schumacher, B. & Welzel, B. (2018). Komplexität entfalten durch Veränderungsmanagement in einer Universität: Das Dortmunder Profil für inklusionsorientierte Lehrerinnen- und Lehrerbildung (DoProfiL). In S. Hußmann & B. Welzel (Hrsg.), *DoProfiL – Das Dortmunder Profil für inklusionsorientierte Lehrerinnen- und Lehrerbildung.* Münster: Waxmann. Verfügbar unter: https://doprofil.tu-dortmund.de/storages/doprofil/w/Dateien/DoProfiL_Sammelband_OpenAccess.pdf

Messerschmidt, Astrid (2016). Differenzreflexive Kritik machtkonformer Bildung. In: S. Müller & J. Mende (Hrsg.), *Differenz und Identität. Konstellationen der Kritik* (S.166–180). Weinheim/Basel: Beltz Juventa.

Middendorff, E., Apolinarski, B., Becker, K., Bornkessel, P., Brandt, T., Heißenberg, S. & Poskowsky, J. (2017). *Die wirtschaftliche und soziale Lage der Studierenden in Deutschland 2016. Zusammenfassung zur 21. Sozialerhe-*

bung des Deutschen Studentenwerks – durchgeführt vom Deutschen Zentrum für Hochschul- und Wissenschaftsforschung. Berlin: Bundesministerium für Bildung und Forschung (BMBF). Verfügbar unter: https://www.bmbf.de/SharedDocs/Publikationen/de/bmbf/4/31338_21_Sozialerhebung_2016_Zusammenfassung.pdf?__blob=publicationFile&v=3

Platte, A., Werner, M., Vogt, S. & Fiebig, H. (Hrsg.). (2016). *Praxishandbuch Inklusive Hochschuldidaktik*. Weinheim Basel: Beltz.

Poskowsky, J., Heißenberg, S., Zaussinger, S. & Brenner, J. (2018). *Beeinträchtigt studieren – best2. Datenerhebung zur Situation Studierender mit Behinderung und chronischer Krankheit 2016/17*. Berlin: Deutsches Studentenwerk (DSW). Verfügbar unter: https://www.studierendenwerke.de/fileadmin/api/files/beeintraechtigt_studieren_2016_barrierefrei.pdf

Scharathow, W. (2014). Risiken des Widerstandes. Jugendliche und ihre Rassismuserfahrungen. Bielefeld: transcript. https://doi.org/10.1515/transcript.9783839427958

Schlüter, A., Melle, I., & Wember, F. B. (2016). Unterrichtsgestaltung in Klassen des Gemeinsamen Lernens: Universal Design for Learning. *Sonderpädagogische Förderung heute, 61*(3), 270.

Vereinte Nationen. (2008). *Übereinkommen über die Rechte von Menschen mit Behinderungen*. Verfügbar unter: www.netzwerk-artikel-3.de/un-konv/doku/un-konv-de.pdf

Promovieren mit Behinderungen

Ansätze zur Förderung des wissenschaftlichen Nachwuchses mit Behinderungen im Rahmen des Aktionsplanprozesses „Eine Hochschule für alle" an der TU Dortmund

Nadine Finke-Micheel und Andrea Hellbusch

1 Einleitung

Daten des Deutschen Studierendenwerks zeigen, dass ca. elf Prozent der Studierenden in Deutschland mit studienrelevanten gesundheitlichen Beeinträchtigungen (Behinderungen) leben (Middendorf, Apolinarski, Becker, Bornkessel, Brandt, Heißenberg & Poskowsky, 2017). Der Bundesbericht wissenschaftlicher Nachwuchs konstatierte bereits 2008, dass nach dem Studium die „Chancen auf eine erfolgreiche wissenschaftliche Karriere [...] nach wie vor ungleich verteilt" sind (Bundesministerium für Bildung und Forschung, 2008, S. 3). Dies betrifft Menschen mit Behinderungen und chronischen Erkrankungen in besonderem Maße. Vor diesem Hintergrund hat es sich die TU Dortmund im Handlungsfeld „Forschung" des Aktionsplans „Eine Hochschule für alle" (o. J.) zur Aufgabe gemacht, an einer Verbesserung der Situation von Promotionsinteressierten und Promovierenden mit Behinderungen und chronischen Erkrankungen zu arbeiten.

2 Der Aktionsplan „Eine Hochschule für alle" der TU Dortmund

Seit den späten 1970er Jahren setzt sich die (heutige) TU Dortmund für ein chancengleiches Studium für Studierende mit Behinderungen und chronischen Erkrankungen ein. Die entwickelten Beratungs- und Unter-

stützungsangebote, wie individuelle Beratung, Adaption von Studienmaterialien und Klausuren, Arbeitsraum und Hilfsmittelpool, wurden
2001 durch die Gründung des Dortmunder Zentrums Behinderung und
Studium (DoBuS) verstetigt. Damit wurde vergleichsweise früh eine um-
fängliche, individuelle Beratungs- und Unterstützungsstruktur für Studieninteressierte und Studierende mit Behinderungen und chronischen
Erkrankungen nachhaltig gesichert.

Die TU Dortmund agiert allgemein nach dem Prinzip des Disability
Mainstreaming. Dieses Prinzip wird u. a. realisiert durch die Berücksichtigung von Barrierefreiheit im Planungs- und Ausführungsprozess
von Baumaßnahmen, Nachteilsausgleichen in den Prüfungsordnungen,
Regelungen bei der Zulassung zu teilnahmebeschränkten Lehrveranstaltungen, Gebärdensprachdolmetschen bei Erstsemesterbegrüßun-
gen und akademischen Jahresfeiern. Darüber hinaus nahm die TU Dortmund aktiv am bundesweiten Modellprojekt „PROMI – Promotion inklusive" (o. J.) (www.promi.uni-koeln.de) zur Förderung des wissenschaftlichen Nachwuchses mit Behinderungen und chronischen Erkrankungen
teil.

Im Rahmen des Diversity-Audits „Vielfalt gestalten" der TU Dortmund
wurde der Aktionsplan als konkrete Zielmaßnahme festgelegt und als
strategisches Instrument implementiert, um proaktiv hochschulische
Strukturen, Kulturen oder Praktiken identifizieren zu können, die Hoch-
schulangehörige mit Behinderungen und chronischen Erkrankungen potenziell oder tatsächlich benachteiligen oder diskriminieren. Die im Aktionsplan „Eine Hochschule für alle" detailliert beschriebenen Ziele und
Maßnahmen werden am Ende der Laufzeit (2023) evaluiert und dann für
weitere vier Jahre fortgeschrieben.

Da Inklusion an der TU Dortmund im Sinne eines Disability Mainstreaming als Querschnittsaufgabe aller Akteur*innen der Hochschule
verstanden wird, liegt die inhaltliche Verantwortung bei den für die jeweiligen Maßnahmen zuständigen Personen. Zur Prozessbegleitung des
Aktionsplans wurde eine Steuerungsgruppe eingesetzt, die vor allem
bei der Identifizierung von (potenziell) benachteiligenden und diskri-
minierenden Strukturen sowie der Entwicklung, Ergänzung und Priorisierung von Maßnahmen zum Abbau der Benachteiligungen und Diskriminierungen beratend tätig ist. Die Steuerungsgruppe besteht aus

ca. 15 Personen, die inhaltlich mit dem Thema Inklusion befasst oder in Disability-Mainstreaming-Prozesse eingebunden sind. Angehörige aller Statusgruppen, wie die Schwerbehindertenvertretung, die Beauftragte des Senats für die Belange behinderter Studierender und das Autonome Behindertenreferat (ABeR) als studentische Interessenvertretung, sind beteiligt. In diesem Sinne ist der Aktionsplan ein strategisches, partizipatives Instrument des hochschulinternen Prozessmanagements sowie der Qualitätssicherung.

Der Aktionsplan der TU Dortmund wurde 2020 an den damals laufenden NRW-Aktionsplan „Eine Gesellschaft für alle" (2012–2020) (MAIS NRW, 2012) angelehnt.

2.1 Hintergrund des Aktionsplans der TU Dortmund

Der Deutsche Bundestag und Bundesrat haben 2009 das Übereinkommen der Vereinten Nationen über die Rechte von Menschen mit Behinderungen (UN-BRK) ratifiziert. Damit besteht die rechtliche Verpflichtung, die völkerrechtliche Konvention in die Tat umzusetzen und die Politik für Menschen mit Behinderungen in Deutschland auf eine menschenrechtsbasierte Grundlage zu stellen. Das Abkommen soll sicherstellen, „dass Menschen mit Behinderungen gleichberechtigt mit anderen alle Menschenrechte und Grundfreiheiten genießen oder ausüben können" (Beauftragter der Bundesregierung für die Belange von Menschen mit Behinderungen / UN-BRK, 2017, S. 8/Art. 2). Es basiert auf den Prinzipien der Achtung vor der Unterschiedlichkeit von Menschen mit Behinderungen, der Nichtdiskriminierung, der Zugänglichkeit, der Chancengleichheit und der vollen und wirksamen Teilhabe an allen Bereichen der Gesellschaft. Artikel 24 Absatz 5 verpflichtet die Vertragsstaaten, sicherzustellen, „dass Menschen mit Behinderungen ohne Diskriminierung und gleichberechtigt mit anderen Zugang zu allgemeiner Hochschulbildung, Berufsausbildung, Erwachsenenbildung und lebenslangem Lernen haben" (ebd., S. 22). Zur Realisierung dieser Aufgaben sollen die Vertragsstaaten angemessene Vorkehrungen treffen, deren Versagen einer Diskriminierung gleichkommt.

Für die komplexe Aufgabe der strukturierten und partizipativen Umsetzung der UN-BRK sowie die Evaluation des Fortschritts der Maßnah-

men sieht das Deutsche Institut für Menschenrechte, das den Bund und
einzelne Bundesländer hinsichtlich der Umsetzung der UN-BRK über-
wacht und berät, Aktionspläne als praktisch alternativloses politisches
Instrument an (Institut für Menschenrechte, 2019). So haben die Bun-
desländer jeweils eigene Pläne zur Umsetzung der UN-BRK aufgesetzt.
Der 2012–2020 laufende Landes-Aktionsplan in Nordrhein-Westfalen
(NRW) „Eine Gesellschaft für alle" (MAIS NRW, 2012) sah im Themenfeld
„Behinderte Menschen in Hochschule, Wissenschaft und Forschung"
Schwerpunkte in folgenden Bereichen vor:

- Übergang von der Schule zur Hochschule,
- Behinderung und Hochschulstudium,
- Situation von Studierenden mit Behinderungen,
- Übergang von der Hochschule in den Beruf.

Entlang dieser Handlungsfelder wurden zunächst fünf Maßnahmen auf-
genommen, um Inklusion an den Hochschulen zu fördern:

- Aufnahme des Themas in die Ziel- und Leistungsvereinbarungen mit
  den Hochschulen,
- Durchführung der Bau- und Umbauarbeiten an Hochschulgebäuden
  gemäß den neuen Vorgaben der Landesbauordnung,
- Stärkung der Zielgruppenorientierung im Rahmen der allgemeinen
  Studienberatungsangebote,
- Erarbeitung eines Konzepts zur „Behindertengerechten Hochschule",
  um die Studien- und Arbeitsbedingungen zu verbessern,
- Ausweitung des Angebots an Teilzeitstudiengängen.

Die Aufnahme des Themas Inklusion in die Ziel- und Leistungsvereinbarungen mit den Universitäten und Fachhochschulen in NRW erfolgte
tatsächlich bereits 2016. In diesem Rahmen wurden die Hochschulen dazu aufgefordert, Konzepte zur vollständigen Inklusion zu entwickeln. Der Zwischenbericht des Deutschen Institutes für Menschenrechte („Zehn Jahre UN-Behindertenrechtskonvention in Deutschland")
konstatiert 2019, dass sich die Bedingungen für Studierende mit Behinderungen und chronischen Erkrankungen grundsätzlich zwar verbessert
haben, jedoch noch immer Handlungsbedarf beim Abbau von Barrieren,
bei den gesetzlichen Regelungen für Studierende mit Behinderungen

und bei der Gewährung von Nachteilsausgleichen besteht. Die Monitoring-Stelle UN-Behindertenrechtskonvention fordert die Hochschulen daher dazu auf, die Studien- und Prüfungsbedingungen zu flexibilisieren und Barrierefreiheit bei der Digitalisierung von Lehr- und Lernangeboten mitzudenken (Deutsches Institut für Menschenrechte, 2019, S. 37).

Der Landesaktionsplan wird gesetzlich vom Inklusionsgrundsätzegesetz NRW sowie vom Hochschulgesetz NRW gerahmt, das den Hochschulen die Aufgabe zuspricht, an der sozialen Förderung der Studierenden mitzuwirken. „Sie berücksichtigen mit angemessenen Vorkehrungen die besonderen Bedürfnisse Studierender und Beschäftigter mit Behinderung oder chronischer Erkrankung [...]" (Hochschulgesetz NRW, §3, Abs. 5). Mittlerweile haben viele Hochschulen eigene Aktionspläne zur Umsetzung der UN-BRK entwickelt. Dabei wurden sie zu Beginn teils durch die Informations- und Beratungsstelle Studium und Behinderung des Deutschen Studierendenwerks (IBS) unterstützt.

2.2 Aktionsplan an der TU Dortmund

Mit dem Aktionsplan „Eine Hochschule für alle" nimmt sich die TU Dortmund dieser wichtigen Querschnittsaufgabe an: Übergeordnetes Ziel des Aktionsplans ist es, Maßnahmen zu entwickeln, die zum Abbau von identifizierten Benachteiligungen und Diskriminierungen von Menschen mit Behinderungen und ihnen gleichgestellten Personen führen sollen.

Die Stabsstelle Chancengleichheit, Familie und Vielfalt (CFV) im Dezernat Personal und der Bereich Behinderung und Studium (DoBuS) im Zentrum für HochschulBildung (zhb) übernehmen die operative Prozesssteuerung und -verantwortung für den Aktionsplan. Hierzu zählt insbesondere der Dialog mit allen beteiligten Akteur*innen der TU Dortmund, um

a. Felder potenzieller oder tatsächlicher Benachteiligung und Diskriminierung zu identifizieren und
b. Aktivitäten zu ihrem Abbau abzuleiten;
c. Arbeitsgruppen einzurichten, in denen Akteur*innen entsprechende Maßnahmen entwickeln und umsetzen sowie
d. das Zusammenwirken aller Prozesse und Maßnahmen zu koordinieren und zu evaluieren.

Für den ersten Zyklus des Aktionsplanprozesses (2020–2023) wurden dabei folgende Handlungsfelder identifiziert:

1. Handlungsfeld (bauliche) Barrierefreiheit
2. Handlungsfeld Studieninteressierte und Studierende / Lehre
3. Handlungsfeld Beschäftigte
4. Handlungsfeld Forschung
5. Handlungsfeld Öffentlichkeitsarbeit
6. Handlungsfeld Qualitätssicherung

Das Handlungsfeld „Forschung" des Aktionsplans der TU Dortmund fokussiert – anders als der Landesaktionsplan NRW – auch explizit Promotionsinteressierte und Promovierende mit Behinderungen. Im Aktionsplan der TU Dortmund werden daher konkrete Maßnahmen zur Etablierung von Strukturen benannt, die der Förderung des wissenschaftlichen Nachwuchses mit Behinderungen und chronischen Erkrankungen dienen sollen.

3 Handlungsfeld Forschung im Aktionsplan der TU Dortmund

Im Handlungsfeld „Forschung" des Aktionsplanprozesses wurde im Jahr 2020 eine neue Arbeitsgruppe „Wissenschaftlicher Nachwuchs" zur Erarbeitung eines hochschuleigenen Konzepts zur Förderung des wissenschaftlichen Nachwuchses mit Behinderungen und chronischen Erkrankungen gebildet. Diese Arbeitsgruppe setzt sich aus Vertreter*innen folgender Statusgruppen und Arbeitsbereiche der TU Dortmund zusammen:

– Stabsstelle Chancengleichheit, Familie und Vielfalt,
– Graduiertenzentrum,
– Bereich Behinderung und Studium (DoBuS),
– Schwerbehindertenvertretung,
– Personalabteilung,
– Personalrat der wissenschaftlichen Beschäftigten,
– Inklusionsbeauftragte des Arbeitgebers,

– Zwei professorale Vertreter*innen aus den Sozialwissenschaften sowie den MINT-Fächern
– sowie zwei Promovierende mit Behinderungserfahrung ebenfalls aus Sozialwissenschaften und den MINT-Fächern.

Durch die Einbindung der verschiedenen Statusgruppen und Vertretungen, wird der Verankerung von Inklusion in der Wissenschaft als Querschnittsaufgabe Rechnung getragen. Die Arbeitsgruppenstruktur soll zudem eine Perspektivvielfalt ermöglichen, um die Zugangschancen zur akademischen Weiterqualifikation zu erhöhen und die Promotionsbedingungen für Nachwuchswissenschaftler*innen mit Behinderungen und chronischen Erkrankungen an der TU Dortmund bestmöglich zu verbessern, damit diese ihre Potenziale voll entfalten können.

3.1 Zur Situation von Promovierenden mit Behinderungen

Für die Herstellung von Chancengerechtigkeit müssen schon beim Zugang zur Promotion Barrieren abgebaut werden. So ist es nach dem Studienabschluss für Absolvent*innen mit Behinderungen und chronischen Erkrankungen oft erheblich erschwert, eine akademische Laufbahn einzuschlagen. Die Gründe dafür sind vielfältig: Schon zentrale Charakteristika des Wissenschaftsbetriebs wie die Forderung nach räumlicher Mobilität und maximaler Flexibilität, ein extrem hoher und zugleich nur unzureichend definierter Leistungsanspruch sowie die Notwendigkeit der persönlichen Selbstdarstellung können Hinderungsgründe darstellen. Auch die Finanzierung der Promotionszeit gestaltet sich häufig als Hürde: Nur für sozialversicherungspflichtige Beschäftigungsverhältnisse stehen reguläre Leistungen zur Teilhabe am Arbeitsleben nach SGB IX zur Verfügung (GEW-Projektgruppe Doktorand*innen, 2020, S. 3 f). Die Anzahl eben dieser Qualifikationsstellen an wissenschaftlichen Lehrstühlen deutscher Hochschulen indes, ist stark limitiert und die Stellen hoch nachgefragt. Zudem gehen der Stellenbesetzung häufig langjährige Vorlaufphasen einer studentischen oder wissenschaftlichen Hilfskrafttätigkeit der potenziellen Kandidat*innen voraus – ein Prozess der Verteilung wissenschaftlicher Chancen, an dem Studierende mit Behinderungen und chronischen Erkrankungen häufig nur sehr eingeschränkt teilhaben können oder auch ganz ausgeschlossen sind.

Wege und Chancen zur akademischen Weiterqualifikation nach erfolgreichem Studienabschluss sind immer wieder auch Thema in der Beratung von Studierenden mit Behinderungen und chronischen Erkrankungen, die ein besonderes Interesse an einer wissenschaftlichen Tätigkeit mitbringen. Neben den allgemeinen (aber gleichermaßen vielschichtigen) Themen zu den Voraussetzungen und Umsetzungsmöglichkeiten eines Promotionsvorhabens, stellen sich für Promotionsinteressierte mit Behinderungen und chronischen Erkrankungen – wie schon vor Studienbeginn (Rothenberg, 2012, S. 219 ff) – häufig diverse zusätzliche Fragen und Hürden bereits beim Anbahnungsprozess einer Promotion sowie bei der behinderungsgerechten Ausgestaltung der Rahmenbedingungen für diese Qualifikationsphase. So wurden etwa vor Inkrafttreten des Bundesteilhabegesetzes im Rahmen der Eingliederungshilfe behinderungsbedingte, finanzielle Mehrbedarfe für ein Promotionsstudium i. d. R. nicht getragen und sehen heute die aktuellen Förderungsvoraussetzungen seitens der Bundesarbeitsgemeinschaft der überörtlichen Sozialhilfeträger (BAGüS) weiterhin besondere Begründungsanforderungen als „begründeter Einzelfall" zur Förderung von behinderungsbedingten Mehrbedarfen für eine Promotion vor (BAGüS-Hochschulempfehlungen, 2020, S. 8). Der Anschaffungsprozess einer ggf. behinderungsbedingt erforderlichen Arbeitsplatzausstattung sowie die Beantragung, Organisation und Einstellung von Arbeitsassistenz ist zudem häufig – auch bei Haushaltsstellen und obwohl schwerbehinderte und ihnen gleichgestellte Personen einen Rechtsanspruch darauf haben – langwierig und kann den tatsächlichen Arbeitsbeginn erheblich verzögern (GEW-Projektgruppe Doktorand*innen, 2020, S. 3 f).

Zeit, eine im Wissenschaftsbetrieb ohnehin knappe Ressource, die für den vielfach aufwendigeren Alltag mit Behinderung oder aber auch für Ausfälle durch akute Phasen einer chronischen Erkrankung aufgewandt werden muss, kann für Menschen mit Behinderungen und chronischen Erkrankungen eine zusätzlich limitierende Dimension darstellen – auch vor dem Hintergrund, dass die meisten Promotionsstellen und -stipendien auf drei Jahre befristet sind. Zudem stehen Promotionsinteressierte nicht selten Vorbehalten, wie längeren Einarbeitungszeiten oder Ausfallzeiten in der Hochschullehre und bei der Mitarbeit am Lehrstuhl, gegenüber (Bauer, Groth & Niehaus, 2017).

Vor diesem Hintergrund startete im Jahr 2013 das im Fachgebiet Arbeit und berufliche Rehabilitation der Universität zu Köln (Lehrstuhl Prof.*in Niehaus) initiierte, bundesweite Praxis- und Forschungsprojekt „PROMI – Promotion inklusive". Durch das PROMI-Projekt wurden im Projektzeitraum bundesweit 45 zusätzliche Promotionsstellen für Akademiker*innen mit Behinderungen an 21 deutschen Hochschulen eingerichtet – zwei Stellen davon an der TU Dortmund. Diese Stellen wurden kofinanziert durch Projektfördermittel des Bundesministeriums für Arbeit und Soziales (BMAS), Eingliederungszuschüsse sowie einen Eigenanteil der einstellenden Hochschulen.

Im Rahmen des wissenschaftlich begleiteten und evaluierten PROMI-Projektes wurden die strukturellen Barrieren bzgl. der Zugangs- und Realisierungschancen einer wissenschaftlichen Weiterqualifikation mit Behinderung deutlich herausgearbeitet. Vor diesem Hintergrund wurden durch PROMI Weiterbildungsangebote zur Sensibilisierung von Multiplikator*innen-Stellen (wie z. B. Promotionsausschüsse, Graduiertenzentren, etc.) entwickelt und durchgeführt. Zur Entwicklung von nachhaltigen Strukturen auf Hochschulebene bzgl. der Förderung des wissenschaftlichen Nachwuchses mit Behinderungen und chronischen Erkrankungen wurde zudem zum Projektabschluss die Stellungnahme „Potenziale erschließen – Schwerbehinderten Akademiker:innen nachhaltig den Weg zur Promotion und in die Wissenschaft öffnen" (2021) herausgegeben, die auch von der TU Dortmund als Projektpartnerin im PROMI-Projekt mitgezeichnet wurde.

Erfahrungen aus dem langjährigen PROMI-Projekt zeigen, dass Promovierende mit Behinderungen und chronischen Erkrankungen durch eine gezielte, die strukturellen Nachteile ausgleichende Förderung, erfolgreich den Weg in eine weitere wissenschaftliche Karriere einschlagen können. Voraussetzung dafür ist allerdings die systematische, inklusive Weiterentwicklung hochschulischer Strukturen, Angebote und Handlungsweisen (Bauer, Groth & Niehaus, 2022).

3.2 Zielmaßnahmen im Handlungsfeld Forschung im Aktionsplan der TU Dortmund

Ausgangspunkt für die im Folgenden dargestellten, konkreten Zielmaßnahmen im Aktionsplanprozess der TU Dortmund sind, vor diesem Hintergrund, sowohl die im bundesweiten PROMI-Projekt identifizierten strukturellen Barrieren als auch die über die Jahre gesammelten Erfahrungen im individuellen Beratungskontakt mit Promotionsinteressierten und Promovierenden mit Behinderungen und chronischen Erkrankungen an der TU Dortmund.

> *Zielmaßnahme 1: Einstellung von SHK/WHF mit Behinderungen und chronischen Erkrankungen wird erleichtert.*

Bereits im Studium wird mit der Tätigkeit als studentische Hilfskraft (SHK) bzw. wissenschaftliche Hilfskraft (WHF) häufig der Weg in eine Wissenschaftskarriere geebnet, da sich hierdurch frühzeitig Einblicke in den Wissenschaftsbetrieb und Chancen zur persönlichen Netzwerkarbeit eröffnen. Ganz nebenbei erlernen Studierende so schon früh wissenschaftliche Praktiken und kulturelle Spielregeln des Systems Hochschule aus einer anderen Perspektive. Allerdings zeigt die Praxis, dass sowohl den potenziellen SHK/WHF mit Behinderungen und chronischen Erkrankungen als auch den einstellenden Professor*innen oftmals unklar ist, ob und wie ein möglicher Bedarf an Hilfsmitteln, Arbeitsassistenz etc. gedeckt werden kann, da hier meist kein sozialversicherungspflichtiges Beschäftigungsverhältnis besteht. Um diese Informationslücke zu schließen und mehr Aufmerksamkeit zu generieren, sieht die Zielmaßnahme vor, Informationen für Studierende und Professor*innen über Möglichkeiten und Wege der Bereitstellung von Hilfsmitteln oder Assistenz gebündelt bereitzustellen sowie Zuständigkeiten und Unterstützungsmöglichkeiten zu klären.

> *Zielmaßnahme 2: Alle Angebote der Promotionsförderung des Graduiertenzentrums sollen barrierefrei nutzbar sein.*

Dieses Ziel betrifft die Angebote des Graduiertenzentrums – der zentralen Service-Einrichtung zur überfachlichen Förderung des wissenschaftlichen Nachwuchses an der TU Dortmund: Hier wurde im Ak-

tionsplan festgehalten, dass zukünftig alle überfachlichen Qualifizie-
rungs-, Vernetzungs- und Beratungsangebote barrierefrei nutzbar sein
sollen. Um die Zielgruppenbedarfe besser kennenzulernen und barrierefreie Angebote bereitstellen zu können, haben sich die Mitarbeitenden des Graduiertenzentrums und weitere Multiplikator*innen im Rahmen eines hausinternen Workshops seitens des PROMI-Projekts im Bereich „Diversitätssensible Nachwuchsförderung" fortgebildet. Die On-
line-Anmeldeformulare zu den Veranstaltungen des Graduiertenzentrums sind barrierefrei gestaltet. Zudem werden systematisch Bedarfe
abgefragt, die bei der Vorbereitung der Veranstaltungen berücksichtigt
werden sollen. Geplant ist, dass auch die barrierefreie sowie diversitätssensible Gestaltung und Durchführung der Veranstaltungen Teil
der Auftragsklärung mit externen Trainer*innen sein werden und bei
der Auftragsvergabe Berücksichtigung finden. Im Sinne des Disability
Mainstreamings integrieren die Mitarbeitenden des Graduiertenzentrums Informationen zum Thema Promotion mit Behinderung (z. B. bezüglich des Wissenschaftszeitvertragsgesetzes, Optionen der Eingliederungszuschüsse, Eingliederungshilfe, Schwerbehindertenvertretung,
etc.) in Informationsveranstaltungen für Promotionsinteressierte und
Promovierende. In Veranstaltungspräsentationen sowie auf der Homepage des Graduiertenzentrums werden die Service-Angebote für Promovierende mit Behinderungen und chronischen Erkrankungen auf-
geführt.

Zu diesen Service-Angeboten zählt auch das seit 2021 bestehende
digitale Gruppenangebot zum Peer-Support für Promovierende mit Behinderungen, die an der TU Dortmund promovieren, sich fachübergrei-
fend und im geschützten Raum der Gruppe austauschen und vernetzen
wollen sowie Themen, Fragen und persönliche Erfahrungen im Kontext
der wissenschaftlichen Weiterqualifikation mit Behinderung gemeinsam erörtern und diskutieren. Neben dem persönlichen Austausch werden auch Role-Models und zentrale Service-Einrichtungen der TU Dortmund zu den digitalen Treffen der Gruppe eingeladen, die ihre Angebote
für Promovierende vorstellen. So können die Peers auch direktes Feedback zu den bestehenden Service-Angeboten geben und auf mögliche
Barrieren hinweisen. Die Peer-Support-Gruppe wird von DoBuS angeboten, trifft sich in einem regelmäßigen Turnus von ca. sechs Wochen

und wird aktuell von vier bis sechs Teilnehmenden verschiedener Fachrichtungen wahrgenommen.

Zielmaßnahme 3: Chancen für Nachwuchswissenschaftler*innen mit Behinderungen auf Beschäftigung im Wissenschaftsbereich erhöhen.

Die Förderung der Beschäftigung von Nachwuchswissenschaftler*innen mit Behinderungen stellt ein drittes zentrales Ziel des Aktionsplans der TU Dortmund im Handlungsfeld „Forschung" dar. Wie eingangs beschrieben, ist der Einstieg in eine akademische Laufbahn für Absolvent*innen mit Behinderungen häufig mit diversen Hürden verbunden. Eine Anstellung als wissenschaftliche*e Mitarbeiter*in sichert Promovierende nicht nur finanziell ab, sondern ermöglicht häufig auch erst die Beantragung von Eingliederungszuschüssen seitens der Arbeitsmarktverwaltung für die Vertragslaufzeit und die Deckung behinderungsbedingter Bedarfe am Arbeitsplatz wie die Ausstattung mit technischen Hilfsmitteln und Arbeitsassistenz im Rahmen des SGB IX. Zudem ist die Einbindung in die Scientific Community und die damit verbundene Netzwerkbildung durch eine Lehrstuhlanbindung stärker gegeben als bei einer externen Promotion. Die Aktionsplan-Arbeitsgruppe arbeitet daher derzeit an der Erstellung eines umfassenden Konzeptes, mit dem sich die Chancen für Nachwuchswissenschaftler*innen mit Behinderungen und chronischen Erkrankungen auf eine Beschäftigung im Wissenschaftsbereich erhöhen sollen. Im Konzepterarbeitungsprozess suchte die Arbeitsgruppe bereits den Austausch mit der Universität Bielefeld (2022), die von den Erfahrungen des dortigen langjährigen und erfolgreichen Förderprogramms („Bielefelder Modell") berichten konnte sowie mit dem Arbeitgeber-Service für schwerbehinderte Akademiker*innen der Bundesagentur für Arbeit (ZAV) (2022) bzgl. der Voraussetzungen zur Beantragung von Eingliederungszuschüssen und behinderungsgerechten Arbeitsplatzausstattungen.

   Die Konzeptidee der Aktionsplanarbeitsgruppe besteht darin, einen breiten Förderansatz zu verfolgen, der folgende Punkte umfasst:

a. Durch die Bereitstellung finanzieller Mittel soll die Einstellung von studentischen Hilfskräften (SHK) und wissenschaftlichen Hilfskräften (WHF) mit Behinderungen und chronischen Erkrankungen gefördert werden, um bereits die Anbahnungschancen eines späteren Promotionsvorhabens zu erhöhen und eine frühe Vernetzung im Wissenschaftsbetrieb zu ermöglichen.

b. Zudem sollen durch universitätsinterne Fördermittel die Einstellungen von wissenschaftlichen Mitarbeitenden mit Behinderungen und chronischen Erkrankungen über einen angemessenen Zeitraum von mind. drei Jahren mit Option auf Verlängerung unterstützt werden.

c. Zusätzlich zu dieser monetären Förderung sollen alle im Förderprogramm involvierten Personen auch eine ideelle Förderung erhalten. Geplant ist, die bereits oben beschriebene Peer-Support-Gruppe von Promovierenden mit Behinderungen und chronischen Erkrankungen um ein jährlich stattfindendes Netzwerktreffen der SHK/WHF mit Behinderungen zu ergänzen, das von DoBuS und dem Graduiertenzentrum begleitet wird. Auch ein regelmäßiger Austausch auf professoraler Ebene soll initiiert werden, um z.B. personalrechtliche Rahmenbedingungen, die Arbeitsplatzausstattung oder die Beantragung von Arbeitsassistenz für promovierende Mitarbeitende mit Behinderungen klären zu können.

4 Ausblick: „Work in progress"

Die hier beschriebenen Zielmaßnahmen eins und zwei im Aktionsplanprozess zur Förderung des wissenschaftlichen Nachwuchses mit Behinderungen an der TU Dortmund befinden sich bereits in der Umsetzungsphase. Der beschriebene Förderansatz zur Erhöhung der Chancen für Nachwuchswissenschaftler*innen mit Behinderungen und chronischen Erkrankungen auf Beschäftigung im Wissenschaftsbereich ist derzeit noch in Diskussion.

Im Sinne der UN-BRK und in Anlehnung an die Erfahrungen aus dem bundesweiten PROMI-Projekt soll die hier vorgestellte Konzeptidee dazu beitragen, Inklusion in der Wissenschaft weiter voranzutreiben. Dabei sollen gängige Stereotype herausgefordert werden, um zum Abbau von Vorurteilen und Benachteiligungen im Wissenschaftssystem beizutragen (Bauer, Groth & Niehaus, 2017, S. 35). Es geht also um die Realisierung von Menschenrechten, aber auch darum, sowohl die öffentliche als auch die hochschulöffentliche Aufmerksamkeit an der TU Dortmund für die Potenziale hochqualifizierter Menschen mit Behinderungen und chronischen Erkrankungen zu schärfen.

Literatur

Aktionsplan „Eine Hochschule für alle" der TU Dortmund. (o.J.). Verfügbar unter: https://stabsstelle-cfv.tu-dortmund.de/storages/stabsstelle-cfv/ r/Vielfalt/Pdf/20191022Aktionsplan_Konzept_Teil_I.pdf und https:// stabsstelle-cfv.tu-dortmund.de/storages/stabsstelle-cfv/r/Vielfalt/Pdf/ 20191022Aktionsplan_Konzept_Teil_II.pdf

BAGüS-Hochschulempfehlungen (Hrsg.). (2020). *Empfehlungen zu den Leistungen der Eingliederungshilfe zum Besuch einer Hochschule nach §112.* Verfügbar unter: https://www.lwl.org/spur-download/bag/08_2020an. pdf

Bauer, J. F., Groth, S. & Niehaus, M. (2017). Promovieren mit Behinderung. Rahmenbedingungen an deutschen Hochschulen im Fokus. *Zeitschrift Recht und Praxis der Rehabilitation – RP Reha,* 4, 35–42.

Bauer, J. F., Groth, S. & Niehaus, M. (2022). Qualität in der Nachwuchsförderung durch inklusive Rahmenbedingungen?! Erkenntnisse zu Barrieren, Lösungsmöglichkeiten und guten Praxisbeispielen aus dem Projekt PROMI – Promotion inklusive. In S. Dippelhofer & T. Döpper (Hrsg.), *„Qualität im Hochschulsystem" – Eine Rundumschau im Posterformat. Die Beiträge zur 16. Jahrestagung der Gesellschaft für Hochschulforschung (GfHf)* (S. 55–58). Gießen: Justus-Liebig-Universität.

Beauftragter der Bundesregierung für die Belange von Menschen mit Behinderungen (Hrsg.). (2017). *UN-Behindertenrechtskonvention (UN-BRK). Übereinkommen über die Rechte von Menschen mit Behinderungen.* Verfügbar unter: https://www.institut-fuer-menschenrechte.de/fileadmin/ Redaktion/PDF/DB_Menschenrechtsschutz/CRPD/CRPD_Konvention_ und_Fakultativprotokoll.pdf

Bundesministerium für Bildung und Forschung (Hrsg.). (2008). *BuWin – Bundesbericht zur Förderung des wissenschaftlichen Nachwuchses.* Verfügbar unter: https://www.buwin.de/dateien/2008/buwin_08.pdf

Deutsches Institut für Menschenrechte. (2019). *Wer Inklusion will sucht Wege. Zehn Jahre UN-Behindertenrechtskonvention in Deutschland.* Verfügbar unter https://www.institut-fuer-menschenrechte.de/fileadmin/ user_upload/Publikationen/ANALYSE/Wer_Inklusion_will_sucht_Wege_ Zehn_Jahre_UN_BRK_in_Deutschland.pdf

Drolshagen, B., Rothenberg, B., Klein, R. & Tillmann, A. (2002). *Eine Hochschule für alle: das Pilot-Projekt zur didaktisch-strukturellen Verbesserung der Studiensituation behinderter Studierender an der Universität Dortmund.* Würzburg: Ed. Bentheim.

EQUAL-Entwicklungspartnerschaft Tandem-in-science. (2008). *Veranstaltungsbericht zur Projektfachtagung „Exzellente Wissenschaft inklusiv(e)".* Verfügbar unter: http://www.tandem-in-science.de/newsletter5.pdf

Gesetz über die Hochschulen des Landes Nordrhein-Westfalen (Hochschulgesetz – HG) in der Fassung des Gesetzes zur Änderung des Hochschulgesetzes vom 12. Juli 2019. Verfügbar unter https://www.mkw.nrw/system/files/media/document/file/mkw_nrw_hochschulen_hochschulgesetz_hochschulgesetz_novelliert_begr%C3%BCndet_0.pdf

GEW-Projektgruppe Doktorand*innen. (2020). *Promovieren mit Beeinträchtigung und / oder chronischer Erkrankung. Positionen der Doktorandinnen und Doktoranden in der GEW.* Frankfurt am Main: Gewerkschaft Erziehung und Wissenschaft.

Graduiertenzentrum der TU Dortmund – Vernetzungsangebote für Promovierende mit Behinderungen. (o.J.). Verfügbar unter: https://graduiertenzentrum.tu-dortmund.de/promovierende/vernetzung/

Inklusionsgrundsätzegesetz Nordrhein-Westfalen (IGG NRW). Verfügbar unter https://recht.nrw.de/lmi/owa/br_text_anzeigen?v_id=95220190708095735872

Middendorff, E., Apolinarski, B., Becker, K., Bornkessel, P., Brandt, T., Heißenberg, S. & Poskowsky, J. (2017). *Die wirtschaftliche und soziale Lage der Studierenden in Deutschland 2016. Zusammenfassung zur 21. Sozialerhebung des Deutschen Studentenwerks – durchgeführt vom Deutschen Zentrum für Hochschul- und Wissenschaftsforschung.* Berlin: Bundesministerium für Bildung und Forschung (BMBF).

Ministerium für Arbeit, Gesundheit und Soziales (MAGS NRW). (2022). *Aktionsplan NRW inklusiv 2022. Beiträge der Landesregierung zur Verbesserung der Teilhabe von Menschen mit Behinderungen in Nordrhein-Westfalen.* Verfügbar unter https://www.mags.nrw/sites/default/files/asset/document/mags_aktionsplan_220428.pdf

Ministerium für Arbeit, Integration und Soziales des Landes Nordrhein-Westfalen (MAIS NRW). (2012). *Aktionsplan der Landesregierung. Eine Gesellschaft für alle.* Verfügbar unter: https://www.mags.nrw/sites/default/files/asset/document/121115_endfassung_nrw-inklusiv.pdf

PROMI – Promotion inklusive. (o.J.). Informationsplattform und Netzwerk für Fragen und Austausch zum Promovieren mit gesundheitlichen Beeinträchtigungen. Verfügbar unter: https://promi.uni-koeln.de/

PROMI – Promotion inklusive. (2021). *Stellungnahme: Potenziale erschließen – Schwerbehinderten Akademiker:innen nachhaltig den Weg zur Promotion und in die Wissenschaft öffnen.* Verfügbar unter https://promi.
uni-koeln.de/wp-content/uploads/2021/07/Stellungnahme.pdf

Rothenberg, B. (2012). *Das Selbstbestimmt Leben-Prinzip und seine Bedeutung für das Hochschulstudium.* Bad Heilbrunn: Klinkhardt.

Universität Bielefeld. (o.J.). *Promotionsförderung für schwerbehinderte
Nachwuchswissenschaftler*innen an der Universität Bielefeld.* Verfügbar
unter: https://www.uni-bielefeld.de/einrichtungen/zab/beschaeftigte/
bewerbung-und-karriere/promotionsfoerderung/

ZAV-Arbeitgeberservice Schwerbehinderte Akademiker*innen. (o.J.). Verfügbar   unter: https://www.arbeitsagentur.de/vor-ort/zav/content/
1533719889099

Barrierefreies kollaboratives Lernen

Einblicke aus der Perspektive von Studierenden mit Behinderung

Anne Haage

1 Einleitung

Zusammenarbeit mit anderen Studierenden ist ein wichtiger Bestandteil des Studiums – sei es die spontane Gruppenarbeit während der Seminarsitzungen, die Arbeitsgruppen für Referate und andere Studienleistungen, größere Studienprojekte oder freiwillige Lerngruppen. Kollaboration mit Kommiliton*innen ist nicht nur eine zentrale Anforderung im Studium zur Erreichung fachlicher Ziele. Untersuchungen zeigen, dass die Integration in das akademische und soziale System der Hochschule zentral für den Studienerfolg ist und Studienabbrüchen vorbeugt (Heublein et al., 2017; Klein, 2019).

Studierende mit Behinderungen sind häufig weniger integriert. Behinderungsbedingte Fehlzeiten, Studienunterbrechungen oder -verzögerungen erschweren den Aufbau und die Aufrechterhaltung stabiler sozialer Beziehungen und die Einbindung in feste Lerngruppen (DSW, 2018, S. 151 f.). So gehören Probleme bei der Team- und Gruppenarbeit sowie das Fehlen oder der Verlust von Lerngruppen zu den Schwierigkeiten, die Studierende mit Behinderungen bei der Studienorganisation, Lehre und Lernen angeben (DSW, 2018). Untersuchungen, die sich explizit mit Barrieren in der Team- und Gruppenarbeit im Studium beschäftigen, sind allerdings ein Desiderat.

Im Rahmen des Forschungsprojekts „K4D – Kollaboratives Lehren und Lernen mit digitalen Medien"[1], an dem sich DoBuS zusammen mit

---

1   Das diesem Aufsatz zugrundeliegende Vorhaben wurde im Rahmen der gemeinsamen „Qualitätsoffensive Lehrerbildung" von Bund und Ländern mit Mitteln des Bundesministeriums für Bildung und Forschung unter dem Förderkennzei-

anderen Fachbereichen an der TU Dortmund beteiligt, wurde dieses Desiderat bearbeitet. Im Projekt K4D werden Konzepte und Formate zum
kollaborativen Arbeiten in verschiedenen Fachbereichen in der Lehrerbildung entwickelt und erprobt, bei denen gezielt digitale Medien eingesetzt werden. DoBuS hat sich zunächst auf die Rahmenbedingungen
des kollaborativen Arbeitens im Studium konzentriert und mit explorativ angelegten Gruppendiskussionen die Erfahrungen von Studierenden
mit Behinderungen erhoben. Die Forschungsfragen waren:

– Welche Erfahrungen machen Studierende mit Behinderungen in der
  Zusammenarbeit mit anderen Studierenden während des Studiums?
– Was sind Barrieren und Förderfaktoren?
– Welche Rolle spielen digitale Medien in kooperativen und kollaborativen Settings? (Barrieren / Förderfaktoren)

In diesem Artikel werden die zentralen Ergebnisse der Gruppendiskussionen dargestellt und diskutiert. Gemäß dem Dortmunder Arbeitsansatz (siehe Bender, Bühner & Drolshagen in diesem Band) können diese
Ergebnisse als Grundlage für die Entwicklung barrierefreier Strukturen
in Bezug auf kollaboratives Lernen genutzt werden.

2 Stand der Forschung

Chancengleiche Studienbedingungen für Studierende mit Behinderungen und chronischen Erkrankungen zu schaffen, ist das Ziel von Do
BuS. Unter dieser Zielperspektive betrachtet DoBuS auch kollaboratives
Arbeiten im Forschungsprojekt K4D: Können Studierende mit Behinderungen gleichberechtigt an kollaborativen Lernprozessen partizipieren?
Welche Rahmenbedingungen wirken als Barrieren und welche als Förderfaktoren für eine gleichberechtigte Partizipation?
    Forschungen über den Studienabbruch zeigen Zusammenhänge zwischen Studienabbruch und geringer Integration in das soziale und akademische System der Hochschule (Heublein et al., 2017; Klein, 2019).

chen 01JA2001 gefördert. Die Verantwortung für den Inhalt dieser Veröffentlichung liegt bei der Autorin.

Die soziale Integration erweist sich als wesentliche Einflussgröße für ein gelingendes Studium neben den Studienleistungen und der schulischen Vorbildung. Unter sozialer Integration werden jene Beziehungen gefasst, „die die Studierenden an der Hochschule im Ausbildungsprozess notwendigerweise eingehen und pflegen" (Heublein et al., 2010, S. 117). Dies sind informelle und formelle Kontakte im Rahmen von fachlichen und allgemeinen Belangen der Studierenden: formelle und informelle Lerngruppen, der Austausch von studienrelevanten Informationen oder auch kulturelle und sportliche Aktivitäten. Befragungen belegen Zusammenhänge zwischen der sozialen Integration, den Studienleistungen und der Identifikation mit dem Studienfach (Heublein et al., 2010, S. 123). Lerngruppen können dazu beitragen das Belastungsempfinden im Studium zu verringern, besser mit den Anforderungen und Gegebenheiten zurechtzukommen und die Identifikation mit dem Fach zu fördern (Petzold-Rudolph, 2018, S. 402).

Studierende mit Behinderungen schätzen ihre soziale Integration schlechter ein als ihre Kommiliton*innen (DSW, 2018, S. 153). Nach der Best2-Studie des Deutschen Studierendenwerks geben 57 Prozent der Studierenden mit Behinderungen beeinträchtigungsbedingte Studienerschwernisse im Bereich Studium und Lehre an, 20 Prozent von diesen nennen Probleme bei der Team- und Gruppenarbeit, 15 Prozent das Fehlen oder den Verlust einer Lerngruppe (DSW, 2018, S. 138). Dabei gibt es deutliche Unterschiede nach Art der Beeinträchtigungen: Die Anteile sind bei Studierenden mit mehrfachen und mit psychischen Beeinträchtigungen besonders hoch (28 bzw. 25 Prozent Probleme bei der Team- und Gruppenarbeit sowie 23 bzw. 18 Prozent Fehlen / Verlust der Lerngruppen, ebd., S. 138).

Die Probleme, die befragte Studierende nennen, sind mangelndes Verständnis bei Kommiliton*innen für beeinträchtigungsbedingte Bedürfnisse wie besondere Kommunikationsregeln und unterschiedliche Arbeitsgeschwindigkeiten. Beeinträchtigungsbedingte Fehlzeiten, Studienunterbrechungen sowie soziale Hemmungen und Ängste machen es schwer, Lerngruppen zu finden und über einen längeren Zeitraum aufrecht zu erhalten. Die mangelhafte soziale Einbindung schneidet sie auch von relevanten Informationen ab, die für die Studienorganisation und Prüfungen wichtig sind (ebd., 151 f.).

Grundsätzlich bewerten Studierende mit Behinderungen den Stellenwert von Gruppenarbeit für den Lernerfolg als hoch (Black et al., 2015; Griful-Freixenet et al., 2017), in der Realität erleben sie allerdings häufig Barrieren. Griful-Freixenet et al. (2017) interviewten in einer belgischen Studie Studierende mit Beeinträchtigungen zu unterschiedlichen Lern- und Arbeitsformen. Sie berichteten von verschiedenen Belastungen und Barrieren bei kollaborativen Arbeitsformen: eine chronisch kranke Person brach deshalb ihr Studium an einer Präsenzuni ab und wechselte in ein Blended-Learning-Programm. Krankheitsphasen erschweren die zuverlässige Mitarbeit in Arbeitsgruppen. Manchmal sind die Belastungen an Tagen mit mehreren Seminaren so hoch, dass eine Studierende mit motorischen und psychischen Behinderungen Seminare bevorzugte, bei denen sie nur zuhören muss. Die größten Probleme erlebte eine befragte Person aus dem Autismus-Spektrum, die keine Kommunikationsebene mit den anderen Studierenden gefunden hatte.

> „In that case, the instructor intervened as a mediator and proposed to develop a ‚contract' in order to show how to work with fellow classmates." (Griful-Freixenet et al., 2017, S. 1641)

In einer großen schriftlichen Befragung von Studierenden mit Behinderungen an Open Universities in Australien (Kent, 2016) gaben viele Befragte an, auch deshalb an Open Universities statt an Präsenz-Universitäten zu studieren, weil sie weniger mit anderen Studierenden kooperieren müssen. Das betraf nicht nur Studierende mit psychischen Beeinträchtigungen. Kent (2016) zog aufgrund der berichteten Barrieren die Schlussfolgerung, dass bei der Wahl der Methoden die Notwendigkeit von Gruppenarbeiten gegen das Risiko der Exklusion von Studierenden mit Behinderungen abzuwägen sei:

> „Many students also mentioned how inaccessible they found group work. This is an area that needs to be seriously considered. There are times when this is an effective and appropriate tool to deploy in learning and teaching, but this needs to be balanced against its potenzial to exclude students with disabilities and alternative paths offered." (Kent, 2016, S. 151)

Im K4D-Projekt steht die Rolle digitaler Medien bei kollaborativen Lernprozessen im Fokus. Für DoBuS ist dabei der Aspekt besonders relevant, inwieweit digitale Medien dazu beitragen können, Barrieren in der Kollaboration abzubauen. Welche Rolle digitale Medien für die gleichberechtigte Partizipation von Studierenden mit Behinderungen spielen können, lässt sich u. a. aus Studien schließen, die während der COVID 19 Pandemiesemester 2020 und 2021 durchgeführt wurden, als große Teile des Studiums online stattfanden und dies gezwungenermaßen auch für die Zusammenarbeit von Studierenden galt (für einen Überblick vgl. Haage et al., 2021; Wilkens et al., 2021).

Digitale Medien bieten viele Vorteile für Studierende mit Behinderungen, die das Studium erleichtern und helfen Barrieren der Präsenzlehre abzubauen. Diese liegen vor allem in ihrem Potenzial für das individuelle Lernen: Digitales Lernmaterial kann für verschiedene Bedarfe zugänglich gemacht werden; ein größeres Gewicht von asynchronem Lernen erleichtert es, das Studium flexibel in den behinderungsbedingt belasteten Alltag einzubauen. Dazu gehörte auch, an Seminaren und Gruppenarbeiten online teilnehmen zu können.

Digitale Interaktion und Kollaboration erwies sich für viele Studierende und Lehrende als neu und schwierig und war für die meisten Studierenden mit Behinderungen mit Barrieren behaftet (Haage et al., 2021, S. 344). Barrieren waren vor allem:

- gleichzeitig verwendete parallele Kommunikationswege in Veranstaltungen (mündliche Diskussion und schriftlicher Chat bei Videokonferenzen),
- nicht zugängliche Inhalte bei geteilten Bildschirmen,
- komplexe Whiteboardsoftware zum kollaborativen Arbeiten.

Einschränkend muss festgestellt werden, dass die Erfahrungen überwiegend unter den Bedingungen des sog. Emergency Remote Teaching gemacht wurden. Der Begriff wurde von Hodges, Moore, Lockee, Trust und Bond (2020) geprägt und soll ausdrücken, dass der Einsatz digitaler Medien aufgrund der Pandemiesituation meist aus der Not heraus erfolgte und weniger mit einer langfristigen Strategie und innovativen Konzepten verbunden war (Haage et al., 2021, S. 347). Der Begriff ist zurecht umstritten (vgl. Mayrberger, 2021), dennoch ist es sehr wahrscheinlich, dass viele der oben geschilderten Barrieren auch darauf zurückzuführen sind, dass das Potenzial digitaler Medien für kollaborative Lernprozesse nicht ausgeschöpft wurde.

Zusammenfassend zeigt sich die Bedeutung kollaborativer Arbeitsformen für den Studienerfolg und die soziale Integration, allerdings profitieren Studierende mit Behinderungen nur wenig davon. Behinderungsbedingte Fehlzeiten oder Studienzeitunterbrechungen erschweren eine längerfristige Zusammenarbeit in Gruppen, zudem stoßen sie auf wenig Bereitschaft der Kommiliton*innen, sich auf ihre Bedarfe einzustellen.

Die referierten Erfahrungen von Studierenden mit Behinderungen wurden im Rahmen umfassender Studien miterhoben, kollaborative Lernprozesse standen nicht im Mittelpunkt der Untersuchungen und Fragestellungen. Um tiefergehende Erkenntnisse über Barrieren und Förderfaktoren für eine gleichberechtigte Partizipation von Studierenden mit Behinderungen an kollaborativen Lernprozessen zu erhalten, wurden im Rahmen des K4D-Projekts explorative Gruppendiskussionen mit Studierenden mit Behinderungen zu ihren Erfahrungen mit der Zusammenarbeit im Studium geführt.

3 Anlage der Untersuchung

Ziel der Gruppendiskussionen war es, explorativ die Erfahrungen von Studierenden mit Behinderungen in der Kollaboration mit anderen Studierenden zu untersuchen und daraus die wesentlichen Barrieren und Förderfaktoren für gelingende Zusammenarbeit herauszuarbeiten.

Gruppendiskussionen eignen sich in Anlehnung an die rekonstruktive Sozialforschung, um kollektive Erfahrungen und Wissensbestände zu untersuchen, die die Teilnehmer*innen aufgrund existentieller Gemeinsamkeiten in konjunktiven Erfahrungsräumen teilen (Przyborski & Rieger, 2010). Diese geteilten Erfahrungen sind ein Vorteil gegenüber Einzelinterviews. Durch Äußerungen anderer können neue Ideen und Gedanken stimuliert werden, die in Interviews verborgen geblieben wären. Positive gruppendynamische Effekte können „das Engagement und die Auskunftsbereitschaft der Teilnehmer positiv beeinflussen" (Schulz, 2012, S. 13).

Deshalb wurden homologe Gruppen von Studierenden mit ähnlichen Beeinträchtigungen gebildet, zum Teil waren dies Realgruppen aus der Beratungspraxis von DoBuS. Die Annahme war, dass die Studierenden mit ähnlichen Beeinträchtigungen auch ähnliche Behinderungserfahrungen machen. Entsprechend des bio-psychosozialen Modells der ICF der WHO (Internationale Klassifikation der Funktionsfähigkeit, Behinderung und Gesundheit) ergeben sich Behinderungen aus dem Zusammenspiel von körperlichen und psychischen Beeinträchtigungen mit Umweltfaktoren (Bedingungen an der Universität) und personenbezogenen Kontextfaktoren (Alter, Bildung, Bewältigungsstrategien etc.), ausführlicher siehe Haage (2021)[2]. Die Zielgruppe der Studierenden ist in Bezug auf Alter und Bildung eine recht homogene Gruppe. Die jeweilige Fächerkultur in den verschiedenen Fakultäten mag zu unterschiedlichen Erfahrungen führen. Dieser Aspekt wurde bei der Gruppenbildung außen vorgelassen, da sonst nicht genügend Gruppen zustande gekommen wären. Außerdem wurde angenommen, dass grundlegende Formen der Gruppenarbeit in allen Studiengängen ähnlich sind. In Gruppen mit ähnlichen Beeinträchtigungen konnten zudem die jeweiligen Bedarfe in Bezug auf eine barrierefreie Kommunikation besser berücksichtigt werden.

Es fanden folgende Gruppendiskussionen statt:

- Studierende mit ADHS (5 Teilnehmer*innen)
- Studierende mit psychischen Beeinträchtigungen (3 Teilnehmer*innen)
- Studierende mit Sehbeeinträchtigungen / Blindheit (5 Teilnehmer*innen)
- Studierende mit Hörbeeinträchtigungen (3 Teilnehmer*innen, mit Schriftdolmetschung)

---

2 Die Autorin hat das ICF-Modell bei der Untersuchung des Informationsrepertoires von Menschen mit Behinderungen angewandt. Hier zeigte sich das Zusammenspiel von Art der Beeinträchtigung, Alter und Bildung als besonders relevant für das Informationsrepertoire.

– Gehörlose Studierende (3 Teilnehmer*innen, mit Gebärdensprachdolmetschung)
– Aus organisatorischen Gründen wurden zudem vier Einzelinterviews
  geführt:
– Studierende*r mit chronischer Erkrankung (einzige*r Teilnehmer*in)
– zwei Studierende aus dem Autismus Spektrum
– Studierende*r mit Hörbeeinträchtigung (der Kontakt kam erst nach
  der Gruppendiskussion zustande)

Die Gruppendiskussionen fanden im Zeitraum von November 2021 bis
Mai 2022 auf Wunsch der Teilnehmer*innen online per Zoom statt, zwei
Interviews fanden face-to-face statt. Die Gespräche wurden aufgezeich-
net, anschließend transkribiert und mit MAXQDA nach der zusammenfassenden Inhaltsanalyse von Mayring analysiert (Mayring, 2015).

4 Ergebnisse

In den Gruppendiskussionen haben sich drei Komplexe als besonders
bedeutsam für die Teilnehmer*innen herauskristallisiert:

– die soziale Integration
  • die Bedeutung der Gruppenzusammensetzung, das Finden von pas-
    senden Gruppen,
  • die Bedeutung von formellen und informellen Lerngruppen,
– die Bedingungen von Gruppenarbeit, die die gleichberechtigte Partizipation erschweren,
– die Formen von Gruppenarbeit, die besonders schwierig sind.

Dabei sind nicht alle Komplexe für alle Studierenden gleichermaßen
wichtig: Während die soziale Integration große Teile der Gruppendiskussionen mit Studierenden mit psychischen Behinderungen und ADHS
sowie der Interviews mit Studierenden aus dem Autismus-Spektrum
einnahmen, waren für die Studierenden mit Sinnesbeeinträchtigungen
die Bedingungen der Gruppenarbeit das beherrschende Thema.

4.1 Soziale Integration

Mit wem man in Gruppen zusammenarbeitet und wie man passende Gruppen für längere Arbeiten oder Lerngruppen findet, wird vor allem von Studierenden mit psychischen Behinderungen, ADHS oder aus dem Autismus-Spektrum als ein großes und belastendes Thema wahrgenommen. Die meisten empfinden es als Belastung, spontan oder längerfristig in nicht selbstgewählten Gruppen zusammenarbeiten zu müssen. Für sie sind Wellenlänge, Sympathie, Verlässlichkeit und ähnliche Arbeitsweisen zentral für eine Gruppenarbeit, bei der sie sich wohl fühlen.

Für Teilnehmer*innen mit ADHS spielt außerdem der Arbeitsrhythmus eine Rolle. Zwei Teilnehmer*innen haben aufgrund von ADHS eigene Arbeitsrhythmen entwickelt, die mit denen anderer Studierender nicht gut kompatibel sind.

> „Das ist auch ein Grund, warum ich nicht gerne mit anderen lerne. (…) Weil – ich hab' halt mein ADHS ein bisschen in den Griff bekommen, indem ich mir eine extrem starke und ja 'ne sehr, sehr starke und ziemlich starre Struktur von außen aufbaue. Damit kommen viele Leute nicht zurecht. Und wenn ich diese sehr strenge Struktur von außen nicht habe, dann komme ich ganz schnell aus dem Modus, dass ich unkonzentriert bin und nicht mehr fokussiert bin, meine Termine nicht hinbekomme. Teilweise ist das leicht zwanghaft und das stört andere Menschen, was ich auch verstehen kann." (AD 2, 25)

Für Referatsgruppen hat die Person deshalb die Strategie entwickelt, die Führung zu übernehmen.

> „Aber Gruppenarbeiten auf der anderen Seite, wenn ich die Führung übernehmen kann und ich selber alles strukturieren kann. Dann merke ich, dass die anderen Leute das gerne mögen, wenn ich der etwas dominantere Part bin und sage wann wir uns treffen, wann man was macht. Das läuft dann halt relativ gut und ist dann auch häufig kein Problem." (AD 2, 25)

Auch für Studierende mit Sinnesbeeinträchtigung können Gruppen mit Studierenden, die sie nicht oder kaum kennen, anstrengend sein, weil sie immer wieder ihre Bedarfe erklären müssen. Daraus ergeben sich

manchmal gute Gespräche, besonders bei kurzen Gruppenarbeiten wird
es jedoch in erster Linie als anstrengend empfunden.

> „Aber bei so kurzen Sachen finde ich es immer so ein bisschen anstren-
> gend, wenn man dann immer den Leuten erklären muss: ‚Ja, ich bin blind.
> Ja, ich bin blind. Das und das kann ich schon, da brauche ich keine Hilfe‘
> und das ständig in dieser Aufklärungsrolle oder was. Was teilweise auch
> anstrengend ist, manchmal hat man auch doofe Tage, da hat man nicht
> Bock, sieben Leuten seine ganze Lebensgeschichte zu erzählen, weil es
> ist zwar interessant für die anderen dann, weil die noch keine Berüh-
> rungspunkte damit hatten, aber es ist auch manchmal einfach anstren-
> gend. [...] Weil ich bin ja auch eigentlich nur ein normales Mitglied der
> Gruppe und jetzt mein ganzes Leben aufzuführen ...“ (S 2, 60)

Als hilfreich beschrieben Teilnehmer*innen Initiativen von Lehrenden,
die in ihren Seminaren Anlässe für kurze Gruppenarbeiten geschaffen
haben, bei denen die Studierenden sich ohne den Druck trafen und
kennenlernen konnten, ohne sofort für die Studienleistung wichtige Ergebnisse erarbeiten zu müssen. Studierenden mit psychischen Beeinträchtigungen und ADHS hilft dies zu den anderen eine Beziehung aufzubauen. Die Teilnehmer*innen mit Sehbeeinträchtigungen können in
solchen Kennenlernphasen zeigen, „ey, ich kann genauso mitarbeiten
wie die andern auch“ (S 4, 52). Sie machen gute Erfahrungen, wenn
zumindest ein*e Studierende*r dabei ist, den*die sie gut kennen, weil
diese als eine Art Brücke fungieren und Berührungsängste abbauen.

Gehörlose Studierende haben häufig keinen Einfluss auf die Gruppenwahl. Die hörenden Studierenden haben in der Regel schnell Gruppen gebildet, während sie als letzte den Gruppen zugeteilt werden.
Deshalb haben sie bei besonders beliebten Themen in der Regel keine
Chance, in die Gruppe ihres Wunschthemas zu kommen.

Freiwillige Lerngruppen werden vor allem in den Gruppendiskussionen von Studierenden mit psychischen Beeinträchtigungen und ADHS
angesprochen. Gelingen die Gruppen, sind sie ein wichtiger stabilisie-
render Faktor im Studium und motivieren zum Lernen. Allerdings berichten die meisten Teilnehmer*innen, dass gute Lerngruppen nicht
lange bestehen bleiben, weil nicht alle im gleichen Tempo studieren
und zum Teil andere Seminare belegen. Auch behinderungsbedingte

Studienzeitverzögerungen spielen eine Rolle. So hat die Person mit einer chronischen Krankheit bisher keine Lerngruppe gefunden. Das mag allerdings auch daran liegen, dass sie nur das erste Semester in Präsenz erlebt hatte und „da noch nicht so den Anschluss gefunden" hat (CK 1, 24).

Als hilfreich empfinden die Teilnehmer*innen Tutorien mit angeschlossenen offenen Austauschmöglichkeiten und offene Lernräume in den Fakultäten, um Studierende für Lerngruppen zu finden.

4.2 Bedingungen von Gruppenarbeiten

Für viele Studierende stellen die Bedingungen von Gruppenarbeit eine Barriere dar, wobei die Bedingungen sich nicht bei allen Gruppenarbeitsformen gleichermaßen gravierend auswirken. Kurzgefasst lassen sich die Barrieren in vier Gruppen zusammenfassen:

- die äußeren Faktoren wie die Raumsituation,
- die verwendeten Materialien und Tools und deren didaktischer Einsatz,
- die Bereitschaft der Kommiliton*innen, sich auf die Bedarfe der Studierenden mit Behinderungen einzulassen
- die unterschiedlichen Zeitbedarfe und der Zeitdruck.

Für Studierende mit Sinnesbeeinträchtigungen sind nicht alle Arten von Gruppenarbeiten gleichermaßen belastend und schwierig. Es zeigt sich, dass sie besonders bei Gruppenarbeiten, die während der Veranstaltungen stattfinden, Barrieren erleben. Dies gilt allerdings weniger für gehörlose Studierende. Für sie sind Gruppenarbeiten außerhalb von Veranstaltungen problematischer, da ihnen dafür in der Regel keine Gebärdensprachdolmetscher*innen zur Verfügung stehen.

Die Art der Barrieren unterscheidet sich je nach Beeinträchtigung, deshalb werden sie entsprechend zusammengefasst.

4.2.1 Studierende mit Hörbeeinträchtigungen

Für Studierende mit Hörbeeinträchtigungen sind die akustischen Bedingungen und das Kommunikationsverhalten der Kommiliton*innen die größten Barrieren. Gruppenarbeiten während universitärer Veranstaltungen finden in der Regel in einem einzigen Raum statt, sodass im Raum ein sehr belastender lauter Lärmpegel herrscht, der es den Studierenden sehr schwer macht, den Wortbeiträgen in der Gruppe zu folgen. In den meisten Seminarräumen und Hörsälen gibt es zudem keinerlei schalldämpfende Maßnahmen wie Teppiche, Gardinen oder anderes.

Die Kommiliton*innen sprechen meist zu leise, während der Pandemiesemester waren Masken ein zusätzliches Problem. Als wichtige Gesprächsregeln formulieren die Teilnehmer*innen:

> „Man muss lauter sprechen, man muss sein Mundbild halt auch gut zeigen und sich gut artikulieren" (H 3, 173).

Die Bereitschaft der Kommiliton*innen, auf ihre Gesprächsbedarfe einzugehen, erleben die Teilnehmenden als gering. Die Regeln werden im Laufe der Diskussion sehr schnell vergessen.

> „Also es ging echt wirklich nicht so und auch wenn ich gesagt habe, dass ich schwerhörig bin – die vergessen das. Die werden sich das auch nie merken, die machen sich auch nicht die Mühe, das zu machen. (…) Also man muss sich wirklich selbst die Mühe machen und in Gruppenarbeit weiß ich echt nicht, wie ich da barrierefrei zusammenarbeiten kann. (…) Das tut aber auf Dauer wirklich weh, weil man einfach jedes Mal drauf ansprechen muss und es macht auch keinen Spaß mehr dann in Gruppenarbeiten." (H 2, 117, 141)

Die meisten Studierenden gehen offenbar davon aus, dass Hörgeräte die Hörbeeinträchtigung vollständig ausgleichen. Das ist aber nicht der Fall. FM-Anlagen mit Mikrofonen nutzen den Studierenden wenig. Ein*e Teilnehmer*in hat eine FM-Anlage mit einem Mikrofon, das auf den Tisch gelegt wird und den Ton rundherum verstärkt. Da alle Geräusche, auch die Raumgeräusche verstärkt werden, hilft das wenig beim Verständnis. Mikrofone zum Herumreichen werden von den anderen Kommiliton*innen kaum genutzt.

In der Folge fühlen sich Studierende mit Hörbeeinträchtigungen häufig außen vor und beteiligen sich weniger, weil sie sich nicht sicher sind, ob sie alles richtig verstanden haben.

Bei längerfristigen Gruppenarbeiten und Lerngruppen löst sich das Problem meistens, wenn man die Kommiliton*innen besser kennenlernt und man sich an ruhigen Orten trifft wie in der Bibliothek, in Cafés oder zuhause. Ein Faktor ist auch die Gruppengröße. Je kleiner die Gruppe ist, desto besser sind die akustischen Bedingungen.

Digitale Medien empfinden die Studierenden mit Hörbeeinträchtigung als Ressource und Förderfaktor. Alle Tools, die zu Erarbeitung und Protokollierung der Ergebnisse genutzt werden, helfen ihnen beim Verständnis. Onlineveranstaltungen mit Videokonferenzsoftware erleben sie als eine erhebliche Verbesserung der akustischen Bedingungen. Die Nebengeräusche des Raums und anderer Gruppen fallen weg und die Teilnehmer*innen sprechen alle in ein Mikrofon, auch wenn die Qualität der Mikros nicht immer ausreichend ist. Alle befragten Studierenden haben sich klar für die Beibehaltung der Möglichkeit ausgesprochen, sich auch online zu treffen.

Hörbeeinträchtigungen wirken sich sehr unterschiedlich aus, so hatten alle Teilnehmer*innen unterschiedliche Hilfsmittel, ein oder zwei Hörgeräte, Hörgeräte kombiniert mit Cochlea Implantat usw. Dies wirkt sich auch darauf aus, welche Hilfsmittel ihnen in Gruppensituationen helfen. Bei Videokonferenzen waren für einige Kopfhörer ausreichend, eine*r Teilnehmer*in konnte das Cochlea Implantat per Bluetooth mit dem Computer verbinden, dafür musste die Person sich allerdings extra ein iPad anschaffen.

4.2.2 Gehörlose Studierende

Gehörlose Studierende benötigen eine Übersetzung in Gebärdensprache, deshalb müssen sie Dolmetscher*innen vorher organisieren. Das ist in der Regel für feststehende und langfristig geplante Veranstaltungstermine kein Problem. Gruppenarbeiten außerhalb der Veranstaltungen werden oft kurzfristig geplant oder spontan verlegt. Dadurch sind gehörlose Studierende außen vor oder müssen sich schriftlich verständigen, was anstrengend und weniger tiefgehend ist. Von einer gleichberechtigten Beteiligung kann unter diesen Umständen keine Rede sein.

Bei Diskussionen mit Gebärdensprachdolmetscher*innen müssen Gesprächsregeln eingehalten werden. Anders als bei Fremdsprachenübersetzungen unterbricht die DGS-Übersetzung die Gespräche nicht, weil sie nicht zu hören ist. Es braucht also eine besondere Gesprächs- disziplin, die Übersetzung abzuwarten.

> „Zeit nehmen ist wichtig. Wenn man jetzt eine Diskussion führen soll, dann dauert es ein bisschen länger, bis ich eine Antwort gegeben habe. Also am besten ist, wenn man erstmal wartet, bis ich alles verstanden habe und dann kann man eine Diskussion fortführen und nicht einfach weitermachen." (DGS 3, 88)

Die Studierenden haben unterschiedliche Erfahrungen gemacht, wie sich Kommiliton*innen auf die Gesprächssituation einlassen. Es komme „auf die Charaktereigenschaften" (DGS 2, 17) an, manche seien sehr interessiert. In kleineren Gruppen ist es einfacher als in größeren. Ab sechs bis acht Personen kommt es zudem häufiger zu mehreren Gesprä- chen parallel.

Digitale Medien empfinden die gehörlosen Teilnehmer*innen als Förderfaktor, weil sie die Kommunikation mit anderen Studierenden erleichtern. Die WhatsApp-Gruppen in Studiengängen oder einzelnen Seminaren ermöglichen es ihnen, alle wichtigen Informationen mitzu- bekommen und Fragen stellen zu können. Mit Chatfunktionen bei Zoom oder geteilten Dokumenten kann zum einen die Diskussion per Dolmet- schung ergänzt oder auch spontane Diskussionen ohne Übersetzer*in- nen geführt werden.

4.2.3 Studierende mit Sehbeeinträchtigungen und Blindheit

Für Studierende mit Sehbeeinträchtigungen und Blindheit erschweren vor allem drei Punkte die Gruppenarbeit:

- nicht zugängliche Materialien, die für die Gruppenarbeit benötigt wer- den,
- die Art, wie Ergebnisse festgehalten werden, und
- die Unsicherheit von Kommiliton*innen und die mangelnde Bereit- schaft, sich auf ihre Bedarfe einzulassen.

Wenn die Materialien für die Gruppenarbeit nicht im Vorfeld zur Ver- fügung gestellt werden, sind Studierende mit Sehbeeinträchtigungen und Blindheit schnell außen vor. In der Regel sind die Materialien nicht vollständig barrierefrei und zum anderen dauert es länger, sie mit assistiven Technologien zu lesen. Deshalb sind die Studierenden von Anfang an darauf angewiesen, dass andere Gruppenmitglieder ihnen helfen.

Auch das Festhalten von schriftlichen Ergebnissen läuft in der Regel auf eine Art und Weise ab, die Studierende mit Sehbeeinträchtigungen nicht mitverfolgen können. Meist übernimmt eine Person das Festhalten der Ergebnisse entweder auf Papier oder mit eigenem Computer. Die anderen Kommiliton*innen können mitlesen, blinde und sehbeeinträchtigte Studierende nicht. Nicht immer sind die Kommiliton*innen bereit, das Geschriebene noch einmal vorzulesen. Die Bedingungen führen dazu, dass die Studierenden mit Sehbeeinträchtigungen und Blindheit sich schnell außenvorfühlen und weniger beitragen können als sie eigentlich wollen und könnten.

Sie fühlen sich in die Rolle gedrängt, sich immer wieder erklären und rechtfertigen zu müssen und haben zudem das Gefühl, die anderen denken, sie könnten aufgrund der Behinderung nur schwer mitarbeiten oder würden einfach nicht mitkommen, obwohl es eigentlich nur an den Bedingungen liegt. Nicht alle Kommiliton*innen sind bereit, sich auf die Bedarfe der Studierenden mit Sehbeeinträchtigung und Blindheit einzulassen.

> „Also ich finde, gerade wenn es irgendwelche sind, die man nicht kennt oder die auch gar keine Berührungspunkte hatte mit jemanden hatten, der eine Sehbeeinträchtigung hat, wird man schnell durch die eigene Unsicherheit der Kommilitonen ein bisschen außen vorgelassen. (...) Manche versuchen es wirklich und meinen es sehr gut, aber manche schließen einen indirekt ein bisschen aus. Ich hatte zum Beispiel mal eine Situation, da habe ich das sofort angesprochen in der Gruppe. Es gab Leute, die so gar nichts damit anzufangen wussten. Dann haben wir angefangen eine PowerPoint zu machen und dann haben sogar andere gesagt: „Kannst du das der (...) eben zeigen?" oder „Sie kann sich das doch einfach später angucken". Da konnte man sich gar nicht richtig beteiligen am Gespräch." (S 2, 36)

Je kürzer die Gruppenarbeit, desto negativer wirken sich die drei Problemkomplexe aus.

Gruppenarbeiten über einen längeren Zeitraum sind in der Regel einfacher, weil viele der beschriebenen Barrieren wegfallen. Die Studierenden überlegen strategisch welche Rollen sie übernehmen können und welche nicht. Häufig übernehmen sie das Protokollieren am Computer, denn dann gehen sie sicher, dass sie alles Wichtige mitbekommen. Die Arbeit mit assistiven Technologien dauert bei den allermeisten Aufgaben länger, deshalb müssen sie ihre Zeit gut einteilen.

> „Da habe ich auch tatsächlich [...] darauf geachtet, dass wenn's dann Arbeitspakete gab, dass ich dann das ausgewählt habe, wo ich das Gefühl hatte, das kann ich am besten bewältigen. Also ich schätze die Zeit, die mir bleibt, so ein, dass ich das erledigen könnte. Also, jetzt klar so Sachen wie eine PowerPoint erstellen, das war von vorneherein klar, dass ich das nicht machen kann. Ich habe irgendwelche Recherche oder irgendwelches Ausformulieren gemacht, was ja im Endeffekt auch länger dauert, aber schon machbar ist." (S 3, 46)

Ein Sonderfall sind wöchentliche Übungsgruppen, die häufig in mathematischen und informatischen Fächern vorkommen und bei denen Zeitdruck gewollt ist. Die Gruppen können die Übungen innerhalb der vorgegebenen Zeit nur erledigen, wenn sie sich die Aufgaben aufteilen. Sehbeeinträchtigte Studierende brauchen mehr Zeit, weil die Aufgaben mathematisch visuell strukturiert sind. Die Folge sind Nachteile für die gesamte Gruppe.

> „Das ist dann auch blöd für die Gruppe im Gesamten und es ist halt für einen selber blöd, dass man das Gefühl bekommt, dass man obwohl man jetzt gerne mehr machen würde, nicht mehr machen kann, und die anderen das dann auch merken. Und dann entsteht schnell so ein Mechanismus, dass die anderen für einen die Aufgaben erledigen. Oft ist es auch so, dass die Leute da gar keinen bösen Willen oder so dahinter haben. Sie wollen quasi einem auch helfen, aber es ist mittelfristig oder langfristig gar nicht so eine große Hilfe, weil man es einfach durch den Zeitdruck nicht schafft mitzuarbeiten." (S 3, 38)

Digitale Medien können als Förderfaktor und als Barriere wirken, das hängt von den konkreten Medien ab und wie sie eingesetzt werden.

Gruppenarbeiten per Videokonferenzen erfahren die Teilnehmer*innen als angenehm. Man arbeitet zuhause mit seinen eigenen Hilfsmitteln und schon die Gruppeneinteilung in Breakoutrooms funktioniert besser als in Präsenz, weil ihnen angesagt wird, wer in welcher Gruppe ist. In Präsenzsituationen ist die Gruppeneinteilung meist rein visuell und für die Studierenden mit Sehbeeinträchtigung und Blindheit nicht ohne Hilfe oder Nachfragen möglich.

Aufgrund des Settings wird in Onlinegruppen mehr mit geteilten Dokumenten gearbeitet, was für die Studierenden hilfreich ist, wenn die Tools barrierefrei sind. Geteilte Textdokumente wie Google Docs oder Etherpads sind für assistive Technologien gut zugänglich. Whiteboards sind schwieriger – je mehr Funktionen sie bieten und auch genutzt werden, desto unzugänglicher sind sie. In Livesituationen bleibt der Zeitfaktor immer eine Barriere. Wenn Studierende mit Screenreader oder Vergrößerungssoftware arbeiten, brauchen sie in der Regel länger, sich zu orientieren und mitzulesen, was in den geteilten Dokumenten passiert. Ohne Unterstützung durch Kommiliton*innen und Verbalisierung ist eine gleichberechtigte Mitarbeit nicht möglich. Das braucht mehr Zeit, ist aber wahrscheinlich auch für andere Studierende hilfreich.

4.2.4 Studierende aus dem Autismus Spektrum und mit chronischen Krankheiten

Aus einem anderen Grund wird der Zeitaspekt für eine Person aus dem Autismus-Spektrum relevant. Da sie nach eigenen Angaben bei vielem länger braucht, arbeitet sie vor den Gruppentreffen vor, damit die Kommiliton*innen nicht die Arbeit für sie mitmachen.

> „Das ist teilweise schwierig, weil ich bei vielem länger brauche und die Zeit habe ich bei Gruppenarbeiten halt nicht (lachen). Ich muss dann gucken, dass ich immer alles vorarbeite, obwohl wir sagen, dass wir es eigentlich erst uns da zusammen angucken und es dann gemeinsam machen. Aber das klappt von meiner Seite aus nicht, weil ich einfach länger brauche und auch mal Sachen nachgucken muss und dann ziehen mich die anderen eher durch und das möchte ich ja auch nicht." (AS 1, 24, 28)

Eine Person mit chronischer Krankheit muss Gruppenarbeit in ihren durchgeplanten Alltag mit Arztbesuchen und Therapien einplanen und geht deshalb an Gruppenarbeiten sehr strukturiert heran. Sie achtet

darauf, alle Materialien vorher zu lesen und so vorbereitet zu sein, dass
die Gruppensitzung möglichst effektiv abläuft.

> „Aber auch so war ich dann immer ein bisschen eingebunden, dass man
> den Termin findet, wo ich dann auch Zeit habe. Und dadurch, dass ich
> so eng eingebunden bin, habe ich das persönlich auch gerne so durch-
> getaktet und organisiert. Lass uns direkt zum Punkt kommen. Vielleicht
> vorher schon alleine vorarbeiten. [...] Weil ich mich alleine besser auf
> die Texte konzentrieren kann. Da merke ich dann, dass ich da anfangs
> immer versuche, in die Gruppe hinein zu kommunizieren, dass ich das
> schön fände, wenn man ein bisschen vorarbeitet." (CK 1, 24)

4.3 Formen der Gruppenarbeit

Die Betrachtung der Formen von Gruppenarbeit zeigt, dass informelle
oder formelle Lerngruppen vor allem für Studierende mit psychischen
Behinderungen und ADHS einerseits besonders wichtig und andererseits aber auch besonders belastend sein können. Wenn es gelungen
ist, eine Lerngruppe zu finden, mit der sie gut zusammenarbeiten können, ist sie eine wichtige Ressource für das ganze Studium. Häufig ist
es für sie allerdings schwer, solche Gruppen zu finden, zudem bleiben
sie selten lange bestehen, weil nicht alle im gleichen Tempo oder mit
anderen individuellen Schwerpunkten studieren. Ein*e Teilnehmende*r
aus dem Autismus Spektrum machte fast nur schlechte Erfahrungen mit
Lerngruppen, weil die Kommunikation und Absprachen misslangen.

Studierende mit Sinnesbeeinträchtigungen haben Lerngruppen nicht
von selbst angesprochen. Für Studierende mit Seh- und Hörbeeinträchtigungen sind sie offenbar kein großes Problem. Die Teilnehmenden
berichteten davon, dass die meisten Probleme in längeren Gruppenarbeiten nicht auftreten, wenn sich die Studierenden erst näher kennenlernen. Gehörlose Studierende haben von vornherein nicht die Erwar-
tung, Lerngruppen zu finden, da die kommunikativen Bedingungen wie
Gebärdensprachdolmetschung nicht gegeben sind.

Gruppenarbeiten in Veranstaltungen sind für alle Studierenden mit
Behinderungen ein belastetes Thema. Studierende mit psychischen Be-
einträchtigungen und ADHS fällt es schwer, sich immer wieder auf neue
Studierende in Gruppensituationen einzulassen. Für Studierende mit

Sinnesbeeinträchtigungen sind es die oben beschriebenen barriere-behafteten äußeren Bedingungen und die mangelnde Bereitschaft der Kommiliton*innen, sich auf ihre Bedarfe einzulassen, die die Zusammenarbeit erschweren. Je höher der Zeitdruck, desto mehr wirken sich die Barrieren für Studierende mit Sehbeeinträchtigung und Blindheit aus.

5 Diskussion

Team- und Gruppenarbeit im Studium ist für Studierende mit Behinderungen ein belastendes Thema und häufig mit Problemen und Barrieren verbunden. Diese Erkenntnis von im Stand der Forschung zitierten Studien bestätigen auch die Gruppendiskussionen und Interviews im K4D-Projekt. Sie liefern gleichzeitig eine differenzierte Sicht auf verschiedene Formen von Gruppenarbeit und die Gründe, warum Studierende sie häufig als frustrierend erleben, und welche individuellen Strategien sie entwickelt haben, um die Gruppenarbeit für sich positiver zu gestalten.

Studierende mit psychischen Beeinträchtigungen, ADHS und aus dem Autismus Spektrum empfinden das Einlassen auf neue Menschen und unterschiedliche Arbeitsrhythmen als schwierig. Als hilfreich haben sie offene Tutorien erlebt, die auch die Möglichkeit und Zeit zum Kennenlernen bieten. Studien bestätigen die positive Rolle, die institutionalisierte Gruppenangebote wie Tutorien für die soziale Integration spielen (Petzold-Rudolph, 2018, S. 402).

Alle Teilnehmenden beschreiben es als unterstützend, wenn es Raum gibt, sich ohne den Druck, sofort für die Studienleistung relevante Ergebnisse abliefern zu müssen, kennenzulernen und eine gewisse Beziehung aufbauen zu können. Dies bietet Studierenden mit Sinnesbeeinträchtigung die Möglichkeit, einerseits ihre Bedarfe formulieren und andererseits zeigen zu können, dass sie genauso Beiträge leisten können wie andere. Die Förderung einer „diversitätssensiblen Sozialkompetenz" ist Aufgabe der Lehrenden; dazu gehört nach Heidkamp-Kergel & Kergel (2022), dass Lehrende „für Gruppenprozesse, deren Heterogenität und mögliche Konfliktbereiche sensibel sein müssen" und eine wert-

schätzende Diskussionskultur und kooperative Zusammenarbeit fördern, „die möglichst alle Teilnehmenden einbezieht und eine diskriminierungsfreie Kommunikation und Interaktion" ermöglicht (ebd., 23).
Dabei orientiert sich ein anerkennendes Diversitätsverständnis an den
vielfältigen Bedarfen der Studierenden, reduziert sie aber nicht auf die
Kategorie Behinderung. In den Gruppendiskussionen wurde sehr deutlich, dass den Studierenden genau das wichtig ist. Auch die partizipative
Mediendidaktik von Mayrberger (2021) sieht eine an der Beziehungs-
gestaltung orientierte Didaktik vor, „die implizit auch mit einer hohen
Diversitätsorientierung einhergeht" (S. 53).

Für eine wertschätzende Diskussionskultur ist eine gute Infrastruktur
Voraussetzung. Dazu gehören gute akustische Bedingungen in Räumen
mit schalldämpfenden Maßnahmen. Eigentlich braucht es eine Archi-
tektur, die offenere Lernszenarien ermöglicht als die klassischen Hörsäle und Seminarräume. Digitale Räume via Videokonferenzen bieten
für viele Studierenden mit Behinderungen gute Bedingungen. Sie sind
eine sinnvolle und wichtige Ergänzung zu Präsenztreffen.

Zu einer barrierefreien digitalen Infrastruktur gehört auch geeignete
kollaborative Software. Whiteboards können für die asynchrone Kollaboration eingesetzt werden, weil sich die Studierenden nach ihrem
eigenen Tempo alles ansehen und selbst posten können. Als Voraussetzung gilt natürlich, dass Studierende mit assistiven Technologien alle
Bereiche erreichen und selbst bedienen können – ein Kriterium, das
viele Whiteboards-Softwares aktuell nicht erfüllen. Um sicherzustellen,
dass alle Studierenden in Livesituationen mitgenommen werden, sind
Kommunikationsregeln notwendig: Es muss alles Wichtige verbalisiert
werden. Alle Studierenden müssen genügend Zeit und / oder Unterstützung haben, um gleichberechtigt partizipieren zu können.

Sehr hilfreich ist es, wenn Studierende vorher die Kollaborations-
tools ausprobieren können. Für Studierende mit assistiven Technologien ist dies sehr wichtig, es sollte aber auch die Medienkompetenz
von anderen Studierenden nicht überschätzt werden. So berichteten
Studierende mit psychischen Beeinträchtigungen, dass zu Beginn der
Pandemie alle Studierenden damit überfordert waren, gute Tools für
die digitale Kollaboration zu finden. Hier fehlten ihnen Hilfestellungen
von Seiten der Lehrenden.

Einschränkend ist festzustellen, dass die Studierenden ihre Erfahrungen mit dem Status Quo der (digitalen) Lehre beschrieben haben, der das Potenzial von digitalen Medien für Kollaboration noch längst nicht ausgeschöpft hat. Dazu fehlt es an den Hochschulen noch an einer angemessenen technisch-didaktischen Infrastruktur und an Medien- und Methodenkompetenz, diese für eine gleichberechtigte, diversitätssensible Kollaboration einzusetzen (Heidkamp-Kergel & Kergel, 2022). Es kann besonders für Studierende mit Behinderungen hilfreich sein, die Möglichkeiten der digitalen Medien für eine flexible, zeit- und ortsunabhängige kollaborative Zusammenarbeit stärker hervorzuheben und die komplexen Tools nicht in erster Linie für synchrone Kollaboration einzusetzen.

6 Fazit

Kooperation und Kollaboration mit anderen Studierenden ist ein zentraler Bestandteil des Studiums, der sowohl für den Studienerfolg als auch für die soziale Integration bedeutsam ist. Dies wurde auch in den Gruppendiskussionen und Interviews im Rahmen des K4D-Projekts deutlich. Gleichzeitig zeigt sich, dass Studierende mit Behinderungen offenbar mehr belastende und negative Erfahrungen mit Gruppenarbeiten machen als positive.

Die Ergebnisse der Gruppendiskussionen stellen im Sinne des Dortmunder Arbeitsansatzes (siehe Bender et al. in diesem Band) die Ausgangsbasis dar, Strukturen in Bezug auf kollaboratives Arbeiten im Hinblick auf die Nutzbarkeit für Studierende mit Behinderungen und chronischen Erkrankungen zu modifizieren. Barrierefreie Kollaboration mit Kommiliton*innen führt langfristig zu einer Reduzierung individueller Bedarfe und individuell notwendiger Anpassungen. Die Hochschulen müssen mit einer geeigneten Infrastruktur und Angeboten wie Tutorien und offenen Lernräumen die Bedingungen schaffen, dass Studierende Anschluss finden können. Lehrende können viel dazu beitragen, dass Gruppenarbeiten in Veranstaltungen von allen Studierenden positiv erlebt werden. Das fängt bei didaktisch initiierenden Methoden der Gruppenbildung an und beinhaltet auch Unterstützung, welche digitalen Medien und Tools für die Kollaboration geeignet sein können. Es kann angezeigt sein, individuelle Bedarfe zur Regel zu machen und Gruppen zum Beispiel so einzuteilen, wenn freie Gruppenwahl dazu führen würde, dass bestimmte Personen nicht gewählt werden. Die sozial-kommunikative Ebene der Kommunikation kann nicht allein der Selbstregulation der Gruppen überlassen werden. Wenn Studierende besondere Bedarfe bei der Kommunikation anmelden, sind Lehrende in der Verantwortung, die Studierenden zu unterstützen, dass diese Bedarfe auch in der Gruppenarbeit berücksichtigt werden.

Im Sinne angemessener Vorkehrungen erscheint es zudem sinnvoll, Alternativen insbesondere für prüfungsrelevante Gruppenarbeiten zu finden, wenn sich Gruppenarbeiten für Studierende mit Behinderungen so schwierig gestalten, dass von chancengleichen Bedingungen keine Rede sein kann.

Digitale Medien haben das Potenzial, Kollaboration zu erleichtern. In dieser Studie zeigte sich, dass es offenbar noch an Good Practice fehlt. Hier ist mehr experimentelle Forschung notwendig, wie Kollaboration mit digitalen Medien inklusiv(er) gestaltet werden kann.

Literatur

Black, R. D., Weinberg, L. A. & Brodwin, M. G. (2015). Universal Design for Learning and Instruction: Perspectives of Students with Disabilities in Higher Education. *Exceptionality Education International, 25*(2), 1–26. https://doi.org/10.5206/eei.v25i2.7723

Deutsches Studentenwerk. (2018). *beeinträchtigt studieren – best2: Datenerhebung zur Situation Studierender mit Behinderung und chronischer Krankheit 2016/17.*

Griful-Freixenet, J., Struyven, K., Verstichele, M. & Andries, C. (2017). Higher education students with disabilities speaking out: perceived barriers and opportunities of the Universal Design for Learning framework. *Disability & Society, 32*(10), 1627–1649. https://doi.org/10.1080/09687599.2017.1365695

Haage, A. (2021). *Informationsrepertoires von Menschen mit Beeinträchtigungen: Barrieren und Förderfaktoren für die gleichberechtigte Teilhabe an öffentlicher Kommunikation. Lebensweltbezogene Medienforschung:*

Bd. 9. Baden-Baden: Nomos Verlagsgesellschaft mbH & Co. KG. https://doi.org/10.5771/9783748921363-1

Haage, A., Wilkens, L., Lüttmann, F. & Bühler, C. (2021). Emergency Remote Teaching und Inklusion. *MedienPädagogik: Zeitschrift für Theorie und Praxis der Medienbildung, 40*, 346–366. https://doi.org/10.21240/mpaed/40/2021.11.23.X

Heidkamp-Kergel, B. & Kergel, D. (2022). Diversitätssensible Didaktik mit digitalen Medien. *MedienPädagogik: Zeitschrift für Theorie und Praxis der Medienbildung, 48*, 13–29. https://doi.org/10.21240/mpaed/48/2022.06.04.X

Heublein, U., Ebert, J., Hutzsch, C., Isleib, S. & König, R. (2017). *Zwischen Studienerwartungen und Studienwirklichkeit.: Ursachen des Studienabbruchs, beruflicher Verbleib der Studienabbrecherinnen und Studienabbrecher und Entwicklung der Studienabbruchquote an deutschen Hochschulen.* Hannover: DZHW. Verfügbar unter: https://www.dzhw.eu/pdf/pub_fh/fh-201701.pdf

Heublein, U., Hutzsch, C., Schreiber, J., Sommer, D. & Besuch, G. (2010). *Ursachen des Studienabbruchs in Bachelor- und in herkömmlichen Studiengängen: Ergebnisse einer bundesweiten Befragung von Exmatrikulierten des Studienjahres 2007/08.* Hannover: HIS. Verfügbar unter: https://www.dzhw.eu/pdf/pub_fh/fh-201002.pdf

Hodges, C., Moore, S., Lockee, B., Trust, T. & Bond, A. (2020). *The Difference Between Emergency Remote Teaching and Online Learning.* Verfügbar unter: http://www.cetla.howard.edu/workshops/docs/The%20Difference%20Between%20Emergency%20Remote%20Teaching%20and%20Online%20Learning%20_%20EDUCAUSE%20(2).pdf

Kent, M. (2016). *Access and Barriers to Online Education for People with Disabilities.* Verfügbar unter: https://www.ncsehe.edu.au/wp-content/uploads/2016/05/Access-and-Barriers-to-Online-Education-for-People-with-Disabilities.pdf

Klein, D. (2019). Das Zusammenspiel zwischen akademischer und sozialer Integration bei der Erklärung von Studienabbruchintentionen: Eine empirische Anwendung von Tintos Integrationsmodell im deutschen Kontext. *Zeitschrift für Erziehungswissenschaft, 22*(2), 301–323. https://doi.org/10.1007/s11618-018-0852-9

Mayrberger, K. (2021). Digitale Hochschulbildung nach 2020: Mut zum Machen in der Digitalität – statt sie zu vertagen. *MedienPädagogik: Zeitschrift für Theorie und Praxis der Medienbildung, 40*, 45–55. https://doi.org/10.21240/mpaed/40/2021.11.09.X

Mayring, Ph. (2015). *Qualitative Inhaltsanalyse. Grundlagen und Techniken* (12 überarb. Aufl.). Weinheim, Basel: Beltz.

Petzold-Rudolph, K. (2018). *Studienerfolg und Hochschulbindung: Die akademische und soziale Integration Lehramtsstudierender in die Universität.* Wiesbaden: Springer VS. https://doi.org/10.1007/978-3-658-22061-7

Przyborski, A. & Rieger, J. (2010). *Gruppendiskussion und Fokusgruppe.* In G. Mey & K. Mruck (Hrsg.), *Handbuch Qualitative Forschung in der Psychologie* (S. 436–448). Wiesbaden: VS Verlag für Sozialwissenschaften. https://doi.org/10.1007/978-3-531-92052-8_31

Schulz, M. (2012). Quick and easy!? Fokusgruppen in der angewandten Sozialwissenschaft. In M. Schulz, B. Mack & O. Renn (Hrsg.), *Fokusgruppen in der empirischen Sozialwissenschaft* (S. 9–22). Wiesbaden: VS Verlag für Sozialwissenschaften. https://doi.org/10.1007/978-3-531-19397-7_1

Wilkens, L., Haage, A., Lüttmann, F. & Bühler, C. R. (2021). Digital Teaching, Inclusion and Students' Needs: Student Perspectives on Participation and Access in Higher Education. *Social Inclusion, 9*(3), 117–129. https://doi.org/10.17645/si.v9i3.4125

Verzeichnis der Autorinnen und Autoren

Dr. Carsten Bender
Bereichsleiter des Bereichs Behinderung und Studium (DoBuS) im Zentrum für HochschulBildung an der Technischen Universität Dortmund.

Arbeits- und Forschungsschwerpunkte: Behinderung und Studium; Inklusive Hochschuldidaktik und Hochschulentwicklung; Disability Mainstreaming an der Hochschule; Lebensweltanalytische Ethnographie in Randgebieten des Sozialen

Prof. Dr. Christian Bühler
Professor für Rehabilitationstechnologie, Fakultät Rehabilitationswissenschaften der TU Dortmund, Sprecher des Forschungsclusters TIP (Technologie für Inklusion und Partizipation), wissenschaftliche Begleitung von DoBuS.

Arbeitsschwerpunkte: Barrierefreies, universelles Design und technikgestützte Barrierefreiheit; Rehabilitations- und Assistive Technologie; digitale Medien in der Rehabilitation

Laura Bühner, M.A.
Wissenschaftliche Mitarbeiterin im Bereich Behinderung und Studium (DoBuS) im Zentrum für HochschulBildung an der Technischen Universität Dortmund.

Arbeits- und Forschungsschwerpunkte: Behinderung und Studium; Studieren mit beeinträchtigungsbedingten Studienunterbrechungen und Studienzeitverzögerungen; Studieren mit nicht sichtbaren Beeinträchtigungen; Sensibilisierung von Tutor*innen für die Situation von Studierenden mit Behinderungen

Dr. Birgit Drolshagen
Akademische Oberrätin an der Technischen Universität Dortmund, Fakultät Rehabilitationswissenschaften, Fachgebiet Sehen, Sehbeeinträchtigung & Blindheit sowie im Bereich Behinderung und Studium

(DoBuS) im Zentrum für HochschulBildung an der Technischen Universität Dortmund, Leitung des Arbeitsraums und Hilfsmittelpools für Studierende mit Behinderungen.

Lehr- und Forschungsschwerpunkte: Selbstbestimmt Leben als Prinzip der Blinden- und Sehbehindertenpädagogik; Behinderung und Studium; inklusive Hochschuldidaktik; Blindheit und Sehbeeinträchtigung und Assistive Technologie; Gemeinsames Lernen

Nadine Finke-Micheel, M.A.

Stellvertretende Leitung der Stabsstelle Chancengleichheit, Familie und Vielfalt im Dezernat Personal der Technischen Universität Dortmund. Programmkoordinatorin von Vernetzungs- und Informationsveranstaltungen und Beraterin im Graduiertenzentrum der TU Dortmund.

Arbeitsschwerpunkte: Diversity Mainstreaming in der Hochschule; diversitätssensible Personalentwicklung in der Wissenschaft; Karriereberatung und Coaching

Alexandra Franz

Wissenschaftliche Mitarbeiterin im Bereich Behinderung und Studium (DoBuS) im Zentrum für HochschulBildung an der Technischen Universität Dortmund, Koordinatorin des DoBuS-Mentoring Programms.

Arbeitsschwerpunkte: Behinderung und Studium; Studierende mit Behinderungen und chronischen Erkrankungen in der Studieneingangsphase; Empowerment; Selbstbestimmt Leben und das Modell der Persönlichen Assistenz; Studienassistenz

Dr. Anne Haage

Wissenschaftliche Mitarbeiterin im Bereich Behinderung und Studium (DoBuS) im Zentrum für HochschulBildung an der Technischen Universität Dortmund und im Kompetenzzentrum Digitale Barrierefreiheit.nrw.

Arbeits- und Forschungsschwerpunkte: Digitale Barrierefreiheit; Behinderung und Studium; inklusive Medienbildung; digitale Teilhabe und Mediennutzung von Menschen mit Behinderungen

Andrea Hellbusch, M.A.
Mitarbeiterin im Bereich Behinderung und Studium (DoBuS) im Zentrum für HochschulBildung der Technischen Universität Dortmund.

Arbeitsschwerpunkte: Beratung und Unterstützung von Studieninteressierten und Studierenden mit Behinderungen und chronischen Erkrankungen; Vernetzung und Veranstaltungsorganisation

Vera Janhsen
Wissenschaftliche Mitarbeiterin im Bereich Behinderung und Studium (DoBuS) im Zentrum für HochschulBildung an der Technischen Universität Dortmund.

Arbeits- und Forschungsschwerpunkte: Projektmitarbeit im „Dortmunder Profil für inklusionsorientierte Lehrer / -innenbildung" (DoProfiL); Forschung zur Nutzung von Behinderungserfahrung als Ressource in inklusiven Bildungskontexten; Inklusive Hochschuldidaktik

Finnja Lüttmann, M. A.
Mitarbeiterin im Bereich Behinderung und Studium (DoBuS) im Zentrum für HochschulBildung der Technischen Universität Dortmund, Leitung des Umsetzungsdienstes für Studierende mit Sehbeeinträchtigung und Blindheit; Wissenschaftliche Mitarbeiterin im Projekt DEGREE 5.0.

Arbeits- und Forschungsschwerpunkte: Barrierefreie Medien; Didaktische Aufbereitung von Lehr- und Prüfungsmaterialien sowie Medien der Hochschulkommunikation; Entwicklung und Erprobung von Konzepten zur Erstellung von Audiodeskription und Untertitelung; Behinderung und Studium

Jens Kaffenberger, M.A.
Leiter der Informations- und Beratungsstelle Studium und Behinderung beim Deutschen Studierendenwerk (IBS). Die IBS ist das bundesweite Kompetenzzentrum zum Thema Studium und Behinderung. Sie stellt umfassende Informationen über ein Studium mit Behinderung bereit, bietet Beratung sowie Weiterbildungen an und setzt sich für die Belange von Studierenden mit Behinderungen und chronischen Krankheiten ein.

Dr. Claudia Schmidt
Wissenschaftliche Mitarbeiterin im Bereich Behinderung und Studium (DoBuS) im Zentrum für HochschulBildung an der Technischen Universität Dortmund.

Arbeitsschwerpunkte: Beratung von Studierenden mit Behinderungen und chronischen Erkrankungen, dabei besonders Studierende mit psychischen Erkrankungen, Autismus, ADHS und LRS; Beratung von Dozierenden zum Thema inklusive Hochschuldidaktik. Lehrschwerpunkt: Systemische Beratung

Leevke Wilkens
Wissenschaftliche Mitarbeiterin an der Technischen Universität Dortmund, Fakultät Rehabilitationswissenschaften, Fachgebiet Rehabilitationstechnologie; Mitarbeiterin im Projekt Degree 5.0 – Digitale reflexive Lehrer*innenbildung 5.0: videobasiert – barrierefrei – vernetzt.

Arbeits- und Forschungsschwerpunkte: Inklusive Hochschuldidaktik; digitale Barrierefreiheit, insbesondere barrierefreie Videos